운명을 바꾸는
부자의 사고방식

心的強大，才是真正的強大

운명을 바꾸는
부자의 사고방식

쉬펑위안(許峰源) 지음 | 김경숙 옮김

N 넥스웍

이런 젊은이가 있다니

– '비즈니스 위크' 설립자 진웨이춘

얼마 전에 모교인 정치대学의 초청에 응해 TED×NCCU 활동에 참여하면서 같은 무대에 선 한 젊은이의 강연에 깊은 인상을 받았다. '성공' 경험에 대한 그의 강력한 강연 때문이기도 하지만 '성공' 후에도 다른 사람 돕기를 원하고 실천하는 사람이었기 때문이다. 이는 사실 매우 어려운 일이다.

나는 호기심이 생겼다. 이러한 시대에 쉬펑위안이라는 청년을 길러 낸 인생의 원동력은 어디서 비롯되었을까? 마침 쉬펑위안은 자서전이나 마찬가지인 '젊은이들이여, 안전한 게임만 하지 마라' 한 권과 곧 출판될 예정인 '운명을 바꾸는 부자의 사고방식' 원고를 보내왔다. 그리고 나는 그 속에서 명확한 답안을 찾을 수 있었다.

쉬펑위안의 부친은 길거리에서 취두부(臭豆腐) 장사를 하시며 다섯 명의 자녀를 길러내셨다. 쉬펑위안은 열한 살 때부터 시장에 노점을 차려 가계를 분담하며 열심히 공부해 대만대학 법학과에 합격했다. 의심의 여지 없이 가난은 그의 인생에서 주요한 원동력이었다.

그러나 빈곤한 가정 출신 아이들이 반드시 성공하는 것은 아니다. 쉬펑위안의 두 번째 원동력은 바로 효심이었다. 대학에 다닐 때 부친이 암에 걸렸고, 그는 변호사 자격증을 취득했다. 그 후에는 모친이 암에 걸리셨고 이번에는 법률 사무소를 창업했다…….

부모님에 대한 효심은 쉬펑위안이 지닌 원동력의 원천이었다. 심지어 부모님이 각각 세상을 떠나신 후에도 '부모님의 영광'은 여전히 그가 성취를 추구하는 지대한 동기이기도 하다.

다음으로 궁금한 점은 쉬펑위안이 어떻게 이런 효심을 지니게 되었을까였다. 본성이 선량한 것은 당연하고, 그 외에 어떤 부분이 있을까?

책에는 다음과 같은 단락이 나왔다. 태풍이 부는 어느 날 밤, 쉬펑위안의 모친은 부친에게 절인 채소를 가져다드리라고 했다……. 부친은 큰비가 내리는 가운데 가게를 들락날락하며 온몸이 흠딱 젖은 채 취두부를 팔고 있었다. 쉬펑위안을 보자 부친은 말씀하셨다.

"여긴 왜 왔어? 내가 좀 이따가 삼륜차를 타고 집에 가서 받아오면 되는데. 밥은 먹었어? 숙제는 다 했고? 얼른 집에 가서 공부해라."

이런 부친을 두고 아들이 효도하지 않을 수 있을까?

쉬펑위안의 모친은 임종 전에 매우 지혜로운 말씀을 하셨다.

"고생스러웠지만 너희와 부모와 자식 간의 인연을 맺게 되어서 참 다행이다."

인생의 깊은 뜻이 듬뿍 담긴 말이었다.

자식의 성공은 효심에서 비롯되었고, 효심은 부모의 덕행으로부터 비롯되었다. 부모의 덕행은 성패와 관계없이 부지런하고 성실한 인생관, 사랑과 절대로 포기하지 않는 의지에서 비롯되었다. 부모님은 자식에 대한 사랑으로 몸소 덕행을 실천하셨고, 자식은 부모님의 사랑과 덕행 덕분에 효심을 지니게 되었다. 그리고 효심 덕분에 성공을 이루었으니 이는 부모와 자식 간의 인연이다. 이러한 인연은 때로 비할 수 없이 고생스럽기도 하다.

그럴 수밖에 없는 것이 이러한 부모가 길러낸 쉬펑위안은 다음과 같은 말을 했다.

"폭발적인 스트레스가 있어야 비로소 폭발적인 성장도 있다. 적당한 스트레스는 게으름의 시작일 뿐이다."

이 말은 요즘 사사건건 합리적인 것만 따지는 젊은이들과 부모의 귀에 분명 큰 충격으로 다가올 것이다.

문제의 핵심은 스트레스의 유무나 크기 혹은 폭발력이 아니라 이를 누가 받느냐에 달렸다. 부모로서 해야 할 일은 단 하나, 바로 효성스러운 자식을 길러내는 것이다. 그리고 효성스러운 아이를 길러내는 유일한 방법은 자신이 먼저 덕행을 갖는 것이다. 이를 제외하면 다른 것은 다 괜한 사족이다.

이 글은 '비즈니스 위크' 1367호에 게재되었다.

진실한 이야기로 깨달음을 주는 이 책은 당신을 삶의 강자로 만든다.

— 대만 과기대 총장 **랴오칭룽**

이 책은 젊은 세대가 긍정적이고, 적극적이고, 선량한 정신을 소유하게 해준다.

— 가오슝 중고등학교 교장 **셰원빈**

마음이 강해야 진정으로 강한 사람이다. '마음'은 우리를 주재하고, 미래를 결정한다. 그래서 사람은 마음의 그릇이라 하는 것이다. 이는 쉬 변호사의 성공 경험이자 인생의 난관을 돌파한 비결이기도 하다. 쉬 변호사는 가정형편이 어려운 집에서 자랐지만 젊었을 때부터 각고의 노력을 하며 근검하고 성실한 본성을 길렀다. 맹자는 '마음을 기르는 데는 욕심을 적게 가지는 것보다 더 좋은 것이 없다.(養心莫善於寡欲)'라고 말했다. 부당한 욕심의 유혹을 극복하고, 배우는 데서 흥미를 찾아 성취하는 가운데 자신감을 드러내면 최종적으로 진실하고, 선하고, 아름답고, 새로운 인생의 경지에 도달하게 된다.

지금은 격변하는 시대인 동시에 위대한 시대이기도 하다. 청년들은 용감하게 자신만의 시대를 창조해야 한다. 선을 선택하고, 옳은 일을 견지하고, 기회를 손에 넣고, 자신을 용감하게 표현하고 진심 어린 마음이 있어야 비로소 수신제가치국평천하를 이룰 수 있다. 나는 쉬 변호사의 성공 스토리를 통해 모든 청년에게 역풍에서 맞서고, 눈앞의 사소한 좌절을 두려워하지 말고, 굳건한 마음과 위대한 목표를 품으라고 격려하고 싶다. 그러면 성공은 시간문제일 것이라 믿는다.

– 푸싱 상공학교 교장 **왕즈청**

한창 혈기 왕성할 때는 부모님이나 선생님의 간곡한 가르침이 귀에 들어오지 않는다. 사회에서 필사적으로 분투하다 보면 종종 현실에 갇혀 자기 자신을 잃는다.

쉬 변호사는 진실한 자신만의 이야기로 모두와 풍부한 인생 경험을 공유한다. 다른 사람의 인생 스토리는 어쩌면 우리의 진짜 인생이 될 수도 있다. 우리에게 다시금 스스로를 반성하고 초심을 되찾을 기회를 준다.

– 타이베이 시립 다안 공업고등학교 교장 **천칭가오**

'강한 마음'을 지닌 사람은 아무리 고통스럽고 힘들어도 두려워하지 않는다

내가 생각하는 가장 강한 사람은 빛나는 학력을 가진 사람도, 자랑스러운 부와 권력을 지닌 사람도 아니다. 특별한 '사고방식'과 '강인한 마음'을 지닌 사람, 그런 사람이 가장 강하다.

내가 아는 수없이 많은 성공한 기업가는 보통 사람과는 완전히 다른 '사고방식'을 지니고 있다. 이렇게 남다른 사고방식 덕분에 그들이 고도의 경쟁과 혼란이 난무하는 비즈니스 사회에서 두각을 드러낼 수 있었고, 최고의 사업을 이루어 남들이 부러워하는 부와 지위를 얻었다고 생각한다.

사고방식은 운명을 결정한다

우리 세대의 젊은 사람들은 인류 역사상 가장 경쟁이 심한 시대를 만났다. 학력은 급속도로 가치가 떨어지지만, 집값과 물가는

급상승한다. 대만의 기적이라 불렸던 경제 상황은 침체와 몰락으로 대만 경제에 교훈을 주었다.

"우리는 어떻게 해야 하나요?"

이는 내가 강연할 때 젊은 사람들에게서 가장 자주 받는 질문이다.

나는 취두부 가게의 아들로 태어났다. 사회의 밑바닥 계층에서 자랐지만 한 걸음씩 분투하고 노력한 끝에 현재의 자그마한 성취를 이뤄냈다. 비록 막대한 부를 소유한 사람은 아니지만 적어도 경제적인 자유를 얻었고 걱정 없이 생활하고 있다. 만약 내게 가장 중요한 것이 무엇이냐고 묻는다면 나는 이렇게 대답할 것이다.
"'사고방식', 즉 당신의 '마음'이다."

쌴충 고등학교에 다닐 때 나는 전교생에게 대만대학 법학과에 들어갈 거라고 말했다. 믿는 사람은 아무도 없었지만 나는 해냈다.
대만대학 법학과에 다닐 때, 나는 모두에게 졸업하자마자 변호사 시험에 붙을 거라고 말했다. 믿는 사람은 아무도 없었지만 나는 해냈다.

로펌에서 막 인턴 생활을 끝냈을 때, 집안 경제 사정 때문에 창업을 해야 했는데 그 누구도 잘될 거로 생각한 사람은 없었다. 그러나 나는 해냈고, 파워 법률 사무소를 설립하는 데 성공했다.

암에 걸리신 어머니 생전에 싼충 사창가에서 벗어나 그럴듯한 집으로 이사할 거라고 나 자신에게 맹세했을 때, 그 누구도 내가 해낼 거라고 믿지 않았지만 나는 해냈다. 나는 스물여섯 살에 생애 첫 집을 사는 데 성공했다.

내가 첫 번째 저서 '젊은이들이여, 안전한 게임만 하지 마라'를 쓰고 있을 때, 모두 지금은 출판 시장이 불경기라 책이 잘 안 팔릴 거라고 말했지만 나는 해냈다. '젊은이들이여, 안전한 게임만 하지 마라'는 수많은 반향을 불러일으켰고, 대형 서점의 순위에 진입했다.

내가 모두에게 '작가'가 될 거라고 말했을 때, 모두 내가 누구나 부러워하는 변호사 업무를 포기하고 99% 실패하는 작가의 길로 들어서는 것을 보고 제정신이 아니라고 생각했고, 실패할 게 분명하다고 생각했다.

그러나 그게 바로 나다. 나는 내 인생을 책임지기로 했고, 절대 현재 상황에 안주하지 않았다. 어떤 성취에도 만족하지 않았으며 부단히 나 자신에게 도전하고 무한대의 가능성을 시험해 보았다. 한계를 돌파했을 때, 나는 다시 한번 '완전히 새로운 나 자신'을 만났다.

폭발적인 스트레스가 있어야 비로소 폭발적인 성장도 있다

가난한 가정환경에서 성장하는 건 어쩌면 고달플 수도 있다. 어린 나이에 부모와 사별하는 것은 어쩌면 불행할 수도 있다. 맨손으로 창업하는 일은 어쩌면 고생스러울 수도 있다. 그러나 시련 속에서 조금씩 축적된 사고방식으로부터 나는 강인한 마음과 내면 깊은 곳에서 우러나온 튼튼한 자신감을 소유할 수 있었다.

강인한 마음은 나를 꼿꼿이 서게 했다. 아무리 무거운 압력을 받아도 나는 절대 허리를 구부리지 않았다. 비록 눈앞에 안개가 자욱할지라도 나는 막막하지 않았다. 미래가 보이지 않으면 마음속에 미래를 그렸다. 희망이 보이지 않아도 나는 계속 노력하기만 하면 서서히 꿈에 다가갈 수 있으리라는 사실을 알았다. 아무리 힘든 고통을 겪고 큰 스트레스를 받아도 나는 자신감이 충만했다. 그 이유는 내 마음이 강인했기 때문이다.

강인한 마음 덕분에 나는 나의 선택이 틀리지 않다고 굳게 믿었다. 나는 인생의 모험을 선택한 게 틀리지 않았다고, '작가'의 길을 선택한 것도 절대 틀리지 않았다고 생각했다.

나 자신이 정의한 성공 안에서 가장 고차원적인 성공은 많은 돈을 버는 것이나 큰 회사를 창업하는 게 아니라 나의 사고방식이 무수한 사람들에게 영향을 미치고 무수한 사람들의 운명을 바꾸는 것이다.

이것이 바로 내가 책을 쓰게 된 핵심적인 동기다. 나는 비즈니스 세계에서의 내 경험을 통해 모든 독자와 각 이야기의 배후에 숨겨진 '사고방식'을 공유하기를 바란다. 어쩌면 내 필력이 좋지 못할 수도 있지만 나는 내가 직접 써 내려간 한 글자, 한 문장이 지닌 의미를 중시한다. 가장 소박한 문자로 당신을 일깨우고, 당신의 삶을 더 낫고 의미 있게 변화시키고 싶다.

내게는 꿈이 하나 있다. 나는 나 자신이 사회 밑바닥 계층 출신의 작은 인물이라는 사실을 잘 알기 때문에 이 세상을 변화시키겠다는 사치스러운 희망은 품지 않는다. 그러나 나는 내 평생의 노력, 분투, 성취, 사고방식을 통해 무수한 사람에게 긍정적인 영향을 미치고 모두가 '강인한 마음'을 지닐 수 있기를, 더 많은 사람이 더욱 행복한 인생을 손에 넣을 수 있기를 진심으로 바란다.

언젠가 내가 세상을 떠나는 날, 나는 나의 묘비에 이렇게 쓰고 싶다.

'평생에 걸친 쉬펑위안의 분투와 사고방식은 무수한 사람에게 긍정적인 영향을 주었고, 그들의 운명을 변화시켰다.'

나는 '작가' 쉬펑위안이다.

이 책을 통해 이미 세상을 떠나신 부모님에게 깊은 그리움을 전하고 싶다. 그리고 가장 사랑하는 아내, 첫째 딸 후뉴뉴, 둘째 딸 샤오푸티(小菩提), 그리고 세 누나와 매형들, 장인어른, 장모님에게 감사를 드리고 싶다. 그분들의 묵묵한 지지가 없었다면 나는 작가의 길로 용감하게 들어서지 못했을 것이다.

그리고 허리링 씨, 주수이위안(朱水源) 선생, 후징이(胡靜怡) 씨, 장완청(張萬成) 선생, 류춘훙(劉純宏) 선생, 싼충 싼양(三陽) 국제 로터리 클럽의 회원 여러분에게 감사드린다. 나를 엄하게 가르쳐 주고, 이끌어 주고, 길러 주고, 발탁해 주신 분들이 없었다면 절대 오늘의 나는 없었을 것이다. 그분들에게 마음속 깊이 감사를 드린다.

목차

PART 1

인생 최대의 위험은 모험하지 않는 것이다

PART 4

오직 사랑만이 위대함을 이룬다

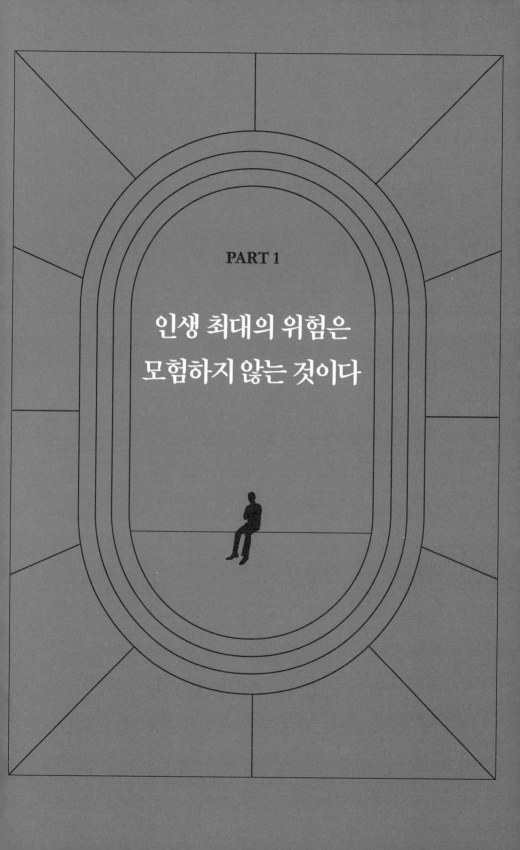

PART 1

인생 최대의 위험은
모험하지 않는 것이다

인생 최대의 위험은
모험하지 않는 것이다

어느 날, 부동산업계의 재벌 차이(蔡) 회장님과 사무실에서 차를 마시는데, 차이 회장님이 갑자기 물었다.

"펑위안, 자네는 스스로 돈을 잘 번다고 생각하나?"

비록 나는 수많은 성공한 사업가들에 비하면 아직 갈 길이 멀기는 했지만 적어도 동년배 중에서는 잘 버는 편이었다. 그래서 나는 미소를 지으며 자신감 있게 차이 회장님에게 대답했다.

"만족스럽지는 않지만 그래도 납득할 수 있는 정도죠."

"다른 사람한테 돈 빌려 본 적 있어?"

차이 회장님이 이어서 물었다.

"아니요. 다른 사람한테 돈을 꾸어 본 적은 없어요."

"펑위안, 한번 생각해 봐. 만약 자네가 다른 사람한테 1억 대만 달러(대만의 화폐 단위는 '위안'이지만 중국 위안화와 혼동할 여지가 있어 '대만 달러'로 표기했다. 이하 '대만 달러'는 '달러'로 표시하며 미국의 '달러'와 혼동하지 않기를 바란다. 참고로 1대만 달러는 우리 돈으로 환산해 2024년 7월 기준 42.48원이므로, 1억 대만 달러는 약 42억 5천만 원이다-역주)를 빌렸다면 갚을 수 있겠어?"

차이 회장님이 갑자기 진지해지기 시작했다.

"빚이 1억 달러라고요."

나는 깜짝 놀라서 하마터면 마시던 차를 뿜을 뻔했다. 그렇게 큰돈을 어떻게 갚지? 1년 이자만 해도 몇억은 될 텐데.

"만약 자네가 1억을 빚졌다면 지금 돈 버는 수준으로 그 빚을 갚을 수 있겠어?"

"못 갚죠. 분명 더 돈을 잘 버는 길을 선택하지 않으면 못 갚을 거예요."

"그러니까 만약 자네가 현재 상황에 만족한다면 앞으로 닥쳐올 중대한 재무위기를 견뎌 낼 수 있겠어? 자네는 지금 정말로 자네가 가진 잠재 능력을 전부 발휘하고 있는 거야?"

차이 회장님은 과거에 회장님 가족들이 겪었던 이야기를 들려주었다.

민국 80여 년(1990년대-역주)에 들이닥친 심각한 재무위기로 차이 회장님 부친의 사업은 결국 버티지 못하고 망해 버렸다. 차이 회장님 부친은 심한 타격을 버텨 내지 못하고 얼마 지나지 않아 병으로 돌아가셨다. 그 결과 차이 회장님은 10억 달러가 넘는 부채를 지게 되었는데, 매년 이자만 해도 몇천만 달러였다. 당시 차이 회장님은 겨우 서른 살 남짓이었다……

차이 회장님은 자신의 월급만으로는 빚을 다 갚기는커녕 이자도 제때 지불하지 못할 것이라는 사실을 알았다. 차이 회장님에게 유일한 기회는 바로 창업이었다.

차이 회장님은 집에 남은 땅을 저당잡혀 부동산 개발 분야에 뛰어들어 아버지가 남긴 인맥을 이용해 악착같이 싸웠다. 몇 년 후, 차이 회장님은 드디어 이자뿐만 아니라 10억 달러의 '원금'을 갚을 능력이 생기기 시작했고, 이는 회장님이 1년에 수천만 달러를 벌어들인다는 사실을 의미했다……

훗날 차이 회장님은 부동산업계에서 점차 풍부한 경험을 쌓으면서 노련해지고, 매년 수억 달러를 벌어들이게 되었다. 10년 후, 차이 회장님은 10억 달러의 부채를 전부 깨끗이 갚았다.

20여 년이 지난 현재, 차이 회장님은 부채가 없는 것은 물론 몇천억의 재산을 축적했다. 심지어 재산이 매년 몇백억씩 늘어나고 있다.

차이 회장님의 이야기는 하나의 전설처럼 나에게 깊은 감명과 깨달음을 주었다……

과거에 나는 어머니께서 폐암으로 돌아가시기 전에 집을 한 채 사드리기로 맹세한 적이 있었다. 비록 나는 갓 변호사 자격증 시험에 합격한 풋내기 변호사인 데다 창업이 성공할 가능성은 아주 희박했지만 조금도 주저하지 않고 회사를 그만두고 창업을 했다. 낮에는 변호사로 일하고, 밤이나 휴일에는 대만 전국을 돌아다니며 학원 강사로 일했다. 몇 년 동안 열심히 노력한 데다 좋은 인연도 많이 만났고, 귀인이라 부를만한 분들이 나를 발탁하고 양성해 준 덕분에 나는 26살에 내가 가진 모든 저금을 털어 생애 첫 집을 사서 어머니께 드렸고, 맹세를 실현했다.

　　어머니가 병으로 돌아가시고 난 후, 몇 년 동안 모험과 분투를 거친 나는 나 자신도 모르는 사이에 동년배의 젊은이들보다 훨씬 빠른 속도로 재산을 축적하고 있다는 사실을 발견했다…….

　　만약 당시에 특수한 환경에서 비롯된 압박감이 없었다면, '안전하지 않은' 길로 내몰리지 않았다면 지금 내 사업의 기반은 없었을 것이다. 이 모든 것이 나의 첫 번째 저서 '젊은이들이여, 안전한 게임만 하지 마라(年輕, 不打安全牌)'라는 제목의 의미를 증명해 준다.

　　당시 중요한 순간에 내린 창업이라는 결단, 대담한 포기, 분야를 초월한 모험을 할 수 있었던 용기, 인생의 선배들과의 인연 덕분에 나의 사고방식과 인생은 완전히 바뀌었다…….

한 사람의 인생을 결정하는 것은 종종 어느 한순간의 결단이다.

20년 전, 야간학교를 다니며 낮에는 은행에서 근무하던 사람들은 매달 28,500달러를 받을 수 있었다. 여기에 만근 수당 1,500달러를 더하면 한 달에 30,000달러를 받을 수 있는 것이다. 그리고 당시 타이베이(台北) 둥취(東區)의 집값은 평당 40만 달러였다.

20년 후인 현재, 대졸자들은 고생 끝에 대학에 합격하고 역사상 최고로 비싼 학비를 지불하지만 졸업 후에 일자리를 찾지 못한다. 가까스로 찾았다고 하더라도 매달 25,000달러의 월급밖에 못 받는다. 게다가 정직원이 아니라 임시직 혹은 정년을 보장해 주지 않는 파견직일 가능성이 있다. 더 무서운 사실은 타이베이 둥취의 집값이 이미 평당 160만 달러를 넘었다는 것이다…….

의심의 여지 없이 지금은 너무 힘든 시대다. 젊은이들이 희망을 잃어버리는 시대……

그러나 나는 비록 우리 젊은이들이 이처럼 혼란하고 불경기인 시대를 만나기는 했지만 바로 이러한 시대이기 때문에 '안전하지 않은' 길로 내몰리고, 억지로라도 성장하는 법을 배워서 자신의 인생을 위해 노력하고, 분투하고, 책임을 질 수 있게 되었다고 생각한다. 이처럼 혼란한 시대이기 때문에 우리에게는 대담하게 도전할 기회가 있고, 나 자신의 능력을 증명할 기회가 있는 것이다.

난세에 영웅이 나온다고 하지 않는가.

'젊은이들이여, 안전한 게임만 하지 마라'는 나의 데뷔작으로, 원래는 어린 시절부터 지금까지 싸워온 나의 정신과 성격을 잘 묘사한 책이었다. 그러나 지금 나는 그 책이 이처럼 격렬하게 변화하는 시대에 가장 중요한 사고방식이자 '생존 법칙'이라는 생각이 든다.

'젊은이들이여, 안전한 게임만 하지 마라'는 난세에 아주 중요한 생존 방식이다.

현재 상태에 안주하고 '안전지대'에 머무르는 것도 인간의 본성이자 태도다. 분명 변화하는 것은 고통스럽고, 안전지대를 벗어나는 것은 의지에 어긋난다. 그러나 안전지대에 머무른다고 정말 '안전'한 것일까?

나는 전에 회사에서 타이핑해 줄 아르바이트생을 모집한 적이 있다. 그런데 지원자 명단에 중학교 동창생이 있는 게 아닌가. 동창생이 내 회사의 아르바이트에 응모하다니. 자세히 살펴보니 그 친구는 사회에 나온 지 거의 10년이 다 되어 가는데 경력이 전부 '사무 보조'뿐이었다.

어쩌면 갓 사회에 진출한 젊은이에게 사무 보조는 괜찮은 시작점일지도 모른다. 그러나 만약 당신이 직장 생활을 10년이나 했는데 여전히 사무 보조원에 머무르고 있다면 10년 동안 당신은 어떤 노력을 했고 어떻게 변화했는가? 안전지대에서 너무 오래 머무른 것은 아닐까? 안전지대는 정말로 안전할까?

부디 내 말을 믿어라. 만약 당신이 현재 안전한 길을 가고 있다면 당신의 미래는 분명 안전하지 못할 것이다.

당신이 현재 위기로 충만한 '안전지대'에 있다는 사실을 어떻게 판단할까? 아주 간단하다. 스스로 진지하게 물어보기만 하면 된다. 당신의 현재 직위, 수입이 만약 5년 후에도 동일하다면 이것이 정상일까? 당신은 이를 납득할 수 있는가?

만약 아니라고 생각한다면 당신은 반드시 진지하게 생각해 볼 필요가 있다. 나를 변화시키고, 안전지대에서 벗어나고, 나의 능력에 도전할 시기가 왔다.

'젊은 사람들은 안정을 추구해서는 안 된다. 특히 젊을 때는 주위 환경에 절대적인 안정이란 존재하지 않는다. 만약 당신이 안정적이라고 느낀다면 위기가 숨어 있을 가능성이 높다. 진정한 안정이란 당신 자신에 대한 자신감과 매번 단계적인 목표를 실현하면서 생겨난다. 그리고 진정한 귀속감은 당신의 내면 깊은 곳에 있다. 자신의 운

명을 제어하는 힘, 당신 최대의 라이벌은 항상 당신 자신이다.'

—리자청(李嘉誠)

미래의 세계가 어떤 속도로 변화할지는 상상하기 힘들다. 나는 학생들에게 **'미래의 세계는 어떻게 공부하는지를 배우는 세계다.'**라고 자주 이야기한다. 미래에 공부할 내용은 아직 나타나지 않았을 가능성이 있다. 예를 들자면 내가 어렸을 때 페이스북 같은 것을 상상할 수나 있었겠는가? 당신이 과거에 배운 것만으로 평생 사회생활을 할 가능성은 거의 없다. 그러므로 변화와 모험, 도전은 더 잘살기 위해서가 아니라 생존을 위한 것이다. 그러지 않으면 당신은 도태될 수밖에 없다.

학력은 그저 과거를 나타내는 것일 뿐, 학습 능력이야말로 미래를 나타낸다.

많은 사람이 물을 것이다. '안전한 게임을 하지 마라.'라고는 하지만 변화하고 모험을 하려면 어떻게 해야 하는가?

나는 미래의 세계에서 생존하려면 반드시 긴 시간을 들여 자기 자신을 인식하고, 탐색하고, 발굴해야 한다고 생각한다. 나의 내면 깊은 곳에 있는 진정한 '열정'과 '재능'은 도대체 무엇인가? 열정과 재능이 결합한 '천명(天命)'을 찾아내고, 용감하게 안전지대에서 벗어나 자신의 천명을 기르고 발전시켜야 비로소 모든 동요를 견뎌내고 계속 버텨나갈 수 있다.

　누군가는 또 물을 것이다. '천명'으로 정말 돈을 벌 수 있을까?

　나는 오히려 반문하고 싶다. 그렇다면 당신은 무엇이 돈을 벌어다 준다고 생각하는가? 당신은 그 분야에서 돈을 벌기에 적합한가? 지금은 돈을 벌지만 5년 후에는? 10년 후에는?

　내가 보기에 이 세상에 돈이 잘 벌리고 못 벌리고 하는 분야는 없다. 그저 누가 그 일을 하느냐에 달렸을 뿐이다. 누가 어느 분야에서 밥을 먹고 살든 이는 하늘이 결정하는 것이다. 요점은 당신이 도대체 어떤 분야에서 먹고 살 운명인가 하는 것이다. 즉 당신이 '가장 사랑하고', '가장 잘하는' 것은 무엇인가? 그것이 바로 당신의 '천명'이다.

　어쩌면 당신은 지금 소유하고 있는 수입과 경력을 포기하고 싶지 않을 수도 있다. 그러나 만약 그것이 당신의 '천명'에 어긋난다면 당신이 고수하는 모든 것은 인생의 난관이나 동요하는 정세를 넘기게 해주지 못할 수도 있다. 게다가 머지않은 미래에 당신의 후회스러운 기억이 될지도 모른다.

　원점만을 고수하고 변화와 모험을 두려워할 때, 당신은 수많은 성공의 기회와 인생을 '더욱 매력적으로 만들어 줄' 용기를 잃게 될 것이다.

사실 인생의 각기 다른 단계에서 다른 일과 사업을 하는 것은 아주 정상이다. 내면의 목소리를 경청하고 나서 변화해야겠다는 생각이 든다면 부디 당신의 직감을 소중히 여기고, 미련을 두지 말고, 모든 단계적인 여정을 안정적으로 끝내는 것이 완전히 새로운 자신을 향해 나아가게 하는 사고방식이다.

포기한 것을 안타까워할 필요는 없다. 부디 나를 믿어라. 노력하기만 하면 당신이 보내는 어떤 하루도 헛되지 않다. 당신이 노력한 흔적은 중요한 순간에 모두 하나로 연결되어 폭발적인 경쟁력을 만들어 낼 것이다.

나는 노점상도 해봤고, 배드민턴용품 업무를 한 적도 있고, 학원 강사에 변호사를 겸업하기도 했으며, 변호사 사무소도 열었었고, 상장 회사의 사외 이사도 해 보다가…… 작가가 되었다.

이 모든 것은 서로 연관이 없어 보이지만 나는 각기 다른 인생의 단계에서 한 일들이 나에게 다양한 경험과 깨달음을 주었고, 내면의 진실한 자아를 알게 해주었고, 모든 것이 하나로 연결되어 현재의 나를 만들었다고 믿는다.

'당신에게는 선견지명이 없고 후견지명만 있다. 그러므로 당신은 작은 일들이 반드시 당신의 미래와 연관성이 있다고 믿어야 한다. 이처럼 사소한 일들이 어떻게 연결될지는 예견할 수 없지만, 유일하게 회고를 통해서 서로의 관계를 알아볼 수 있다. 그러므로 당신은 사

소한 일들이 미래에 서로 연결된다는 사실을 믿어야 한다. 당신의 직
감, 운명, 인생, 인과처럼 당신이 꼭 믿어야 할 것들이 있다.'

– 스티브 잡스(*Steve Jobs*)

오늘부터 한번 진지하게 생각해 보자. 안전한 게임을 하면서 매일 바쁘게 청춘을 낭비하는데 고작 25,000달러만이 돌아온다. 자기 배조차 불리지 못할 만큼 어려운데 어떻게 부모님을 모시고, 집을 사고, 결혼을 하고, 아이를 낳겠는가? 하물며 꿈을 이루는 일은 말할 것도 없다.

사회에 나오고 눈 깜짝할 사이에 여러 해가 지나갔다. 우리는 도대체 무엇을 얻었는가? 열심히 겉모습을 화려하게 치장하며 썩 괜찮은 나날을 보내는 것 같지만 솜털 하나 건드려서는 안 되는 자존심을 유지하는 것 말고 우리에게 또 무엇이 남아있는가?

우리가 잃어버린 것은 다른 게 아니라 가장 소중한 청춘, 그리고 용기다.

당신이 자기 인생을 위해 과감하게 도전할 용기조차 없을 때, 운명은 이미 결정된다. 생존의 기회와 공간은 상상을 초월하는 속도로 빠르게 흘러가 버린다.

인생 최대의 위험은 모험하지 않는 것이다.

일을 잘하고 싶으면 우선 사람 문제를 처리하는 법을 배워라

커(柯) 회장님은 중국 선전(深圳)에서 방대한 규모의 요식업 그룹을 경영하는 분이다. 나를 중국 회사의 고문으로 고용하고 싶었던 커 회장님은 나에게 함께 회의에 참석하자고 했다.

커 회장님의 회사는 '중외(中外) 합자 기업'으로, 중국 법률에 따르면 중외 합자 기업은 고도의 견제와 균형으로 운영되기 때문에 자연히 주주 사이에 어느 정도 긴장감이 발생한다. 그리고 법률 분쟁을 방지하기 위해 회사의 경영에 전문 변호사가 필요하다. 그러나 중국의 변호사를 신뢰할 수 없었던 커 회장님은 본인이 믿을 수 있고 중국의 법률에 정통한 대만 변호사를 찾고 있었고, 그래서 나를 떠올렸다.

고문 변호사로 고용할 뿐이지만 내가 대만인이기 때문에 혹시 중국의 주주들이 꺼리지는 않을까 걱정한 커 회장님은 우선 나에게 선전에 한번 들러서 회사 이사회의 각 구성원과 얼굴을 익혀두라고 했다.

비행기가 선전의 바오안(寶安) 공항에 도착하자 밖에는 이미 여러 대의 검은 승용차가 우리를 기다리고 있었다. 30분 뒤, 우리는 중국의 대주주인 우(吳) 회장님이 마련한 환영회가 열리는 고급 레스토랑에 도착했다. 요즘 중국 사람들은 손님을 초대할 때 겉치레에 굉장히 신경을 쓰기 때문에 레스토랑의 메뉴는 풍성함의 극치를 달렸다. 우 회장님은 선전 정부 측과 관계가 매우 좋고, 세력이 있어서 당시 커 회장님과의 합작 사업이 신속하게 확장되고 있었다. 다만 기업이 일단 왕성하게 발전하면 수많은 이익 분배 문제가 생겨나는데, 그것이 현재 긴장된 관계의 원인이기도 했다.

이번에 나는 우 회장님을 처음 만났다. 나는 그분이 내게 적대감을 가지고 있고, 낯설어한다는 사실을 명확하게 느낄 수 있었다. 그래도 우리 두 사람은 서로 정중하게 명함을 교환했고, 한담을 나누기 시작했다. 이야기를 나누다가 나는 우 회장님이 독서광이고 책 수집을 좋아한다는 사실을 발견했다. 과거 중국에서는 서적의 출판 규제가 매우 엄격했기 때문에 좋은 책을 읽고 싶어도 그리 쉽지 않았다. 나는 의도치 않게 우 회장님이 '토지개혁을 논하다(論土地改革)'라는 책 한 권을 계속 찾고 있다는 사실을 듣게 되었다. '토지개혁을 논하다'는 홍콩의 중문(中文) 출판사가 민국 46년

(1957년-역주)에 출판한 책으로, 우 회장님은 중국과 홍콩을 다 뒤졌는데도 그 책을 찾지 못했다. 우리 커 회장님을 비롯한 대만 친구들에게 부탁했는데도 마찬가지였다…….

커 회장님이 말했다.

"우 회장님, 책 한 권을 그렇게 못 잊어서 어찌합니까. 우리가 알고 지낸 지도 6년이 넘었는데, 그 책 이야기만 벌써 6년 넘게 들었어요."

"아이고, 그 책을 일부만 읽어 봤지만 정말 좋은 책이라니까요. 논점도 분명하고 힘이 있고, 더 중요한 건 수십 년 전에 출판된 책인데 지금까지의 경제 발전이 다 그 책 내용과 비슷하게 흘러간다는 점이에요."

모두 너도나도 술잔을 권하기 시작하면서 책에 대한 화제는 사그라졌다. 나중에 커 회장님이 모두에게 말했다.

"쉬 변호사는 대만의 배드민턴 고수예요. 듣자 하니 우 회장님도 평소에 배드민턴을 좋아하신다던데 어쩌면 두 분이 절차탁마할 수 있을지도 모르겠네요."

우 회장님은 다소 얕잡아보며 말했다.

"커 회장님, 매번 배드민턴 좀 칠 줄 안다는 대만 친구를 데려오지만 결국 배드민턴장에 가면 몇 번 치지도 않는데 다들 백기를 들잖아요. 허, 보아하니 실력에는 여전히 큰 차이가 있을 것 같네요."

커 회장님은 나한테 꾸물거리지 말고 꼭 우 회장님과 배드민턴을 치라고 말했다. 그래서 나는 즉시 기사님에게 돈을 건네주며 운동화와 운동복을 대신 좀 사다 달라고 부탁했다. 나는 다음 날 배드민턴장에서 우 회장님과 겨룰 예정이었다. 비록 선전에 오기 전에는 배드민턴을 치게 될 거라고는 전혀 예상하지 못했지만……

다음 날 우 회장님은 친히 나를 데리러 오셨다. 배드민턴장에 도착한 후 우 회장님은 내게 너무 억지로 하지는 말고 그냥 최선을 다하기만 하면 된다고, 배드민턴이라는 게 원래 격렬하니 절대 다치지만 말라고 당부했다. 그 말을 듣고 나는 말문이 막혔다…….

몸을 푼 후 우 회장님은 '심상치 않은 낌새'를 알아차렸다. 상대가 분명 '연습한 적이 있는 것'처럼 보이고, 자기가 지금껏 상대한 초보자들과는 달랐던 것이다. 우 회장님은 '눈치가 빠른' 분이라 나를 다른 사람과 시합하도록 배정했다. 내가 한 차례, 한 차례 이기자 우 회장님은 배드민턴 코치와 대결하게 했다. 격렬한 경기가 끝난 후, 결국 내가 이겼다.

이때 우 회장님은 정말 흥분했다. 그분은 나를 보고 진짜 변호사인지 아니면 배드민턴 선수인지를 의심하기 시작했다. 계속 나를 끌고 다니며 기술, 특히 백핸드 기술을 가르쳐 달라고 했다. 그때부터 우리는 매일 아침 함께 회의하고, 오후에는 배드민턴장에 가서 배드민턴을 치기 시작했다. 저녁에는 다시 함께 모여 회사의 접대 자리에 참석하고, 매일 같이 붙어 다녔다. 나는 우 회장님이 운동광에다 독서광이라는 사실을 발견했다. 마침 나도 운동광이자 독서광이었기 때문에 우리의 대화는 끊이지를 않았다.

닷새 동안 함께 지내면서 나와 우 회장님은 더 이상 처음 만났을 때처럼 서먹서먹하지 않았다. 내게 품었던 그분의 적대감은 적잖이 사라졌고, 커 회장님이 마지막 날 이사회에서 정식으로 나를 회사의 고문으로 고용한다고 제안한 것도 결국 순조롭게 통과되었다. 이는 커 회장님에게도 꽤 의외였다. 커 회장님이 아는 한, 우 회장님은 까다로운 경영자인데 이처럼 일이 순조롭게 풀릴 줄은 몰랐기 때문이다.

다음 날 우리가 대만으로 돌아가는데 우 회장님은 직접 공항까지 배웅을 나왔다. 게다가 본인이 가장 좋아하는 역사책 몇 권을 나에게 선물해 주셨다.

이때, 나는 비밀스럽게 가방에서 책 한 권을 꺼냈다. 그것을 본 우 회장님은 한참 동안 말을 잇지 못했다. 그 이유는 내가 꺼낸 책이 바로 우 회장님이 꿈에도 그리던 '토지개혁을 논하다'였기 때문이다.

이미 절판된 책이라 몇 년 동안 열심히 찾아도 손에 넣을 수 없었던 우 회장님은 기뻐서 어쩔 줄을 몰라 하며 나에게 어떻게 손에 넣었느냐고 계속 물으셨다. 나는 그저 웃으면서 부디 이 '작은 선물'이 마음에 드시기를 바란다고 말했다.

나중에도 나는 우 회장님과 계속 연락을 유지했다. 매번 선전에 회의차 갈 때마다 우리는 항상 배드민턴을 치고, 최근 출판된 책 중에 어떤 책이 좋은지 토론을 했다. 회사에서 중요한 인물의 신임을 얻었기 때문에 회사에서의 내 지위도 점차 공고해졌다. 또한 나 자신이 전문성을 발휘하며 일하도록 노력했기 때문에 처음 고문 변호사를 맡았을 때는 '낙하신'이라며 사람들에게 시시건건 경계를 당했지만 더 이상 그러지 않았다. 한동안 시간이 흐른 후 회사의 법률문제는 내가 전반적으로 처리하게 되었고, 이에 나를 추천한 커 회장님은 적잖이 마음을 놓을 수 있었다. 게다가 나는 우 회장님과 사이좋게 지내며 배드민턴을 친 덕분에 그분의 소개로 현지의 공무원, 재계 인사들을 많이 알게 되었다. 그러면서 끊임없이 시야를 넓히고 더욱 깊고 넓은 인맥을 만들 수 있었다.

'사업에서 성공을 거두려면 우선 제대로 된 사람이 되어야 한다. 세상 물정은 본래 대학문이다. 세상 사람들은 다 영악하므로 모두의 신임을 얻고 다른 사람이 당신과 교제하는 것을 좋아하게 만들려면 제대로 된 사람이 되는 게 가장 중요하다.'

– 리자청

수많은 사람이 갓 사회에 진출했을 때 '전문성'을 사회에서 생존할 수 있는 유일한 법칙으로 여긴다. 그러나 과도하게 전문성에만 의존하다가 '제대로 된 사람'이 되는 것의 중요성을 간과한다. 그저 자기 일만 잘 처리하면 되고, 자기 전공이 아닌 분야의 일에는 관여하지 않는다. 더 나아가 사람들과 사귀는 것을 원하지 않고 잘하지도 못한다. 그러나 루스벨트(Franklin D. Roosevelt) 대통령은 '<u>성공의 공식 중에서 가장 중요한 요소는 바로 인간관계다.</u>'라고 말했다.

사람 문제는 모든 기업에서 반드시 맞닥뜨리는 난제이자 가장 해결하기 힘든 문제이기도 하다. '전문성'에만 의존해서는 적절한 일 처리를 하지 못한다. 만약 사람 문제를 제대로 처리하지 못하면 가볍게는 회사 내부의 내적 소모로 이익에 영향을 미치고, 심각하게는 회사의 분열, 대중의 배신, 심지어는 회사의 도산을 일으키기도 한다.

학교 선생님들은 항상 우리에게 '사람이 아니라 일에 대해서만 이치를 따져라.'라고 가르친다. **그러나 현실적인 사회에서는 '사람'의 모순과 긴장된 관계를 처리해야만 상황이 비로소 순조롭게 풀린다.** 그러지 않으면 당신은 아무리 많은 전문 지식을 이용하더라도 일을 적절하게 처리하기 어렵다. 당신이 아무리 제도나 정책을 잘 세웠어도 만약 끊임없이 당신을 방해하거나 소극적으로 협력하지 않는 사람이 있다면 일을 진행하는 데 애로사항이 많다. 그러므로 나는 사회에서는 일 처리도 잘해야 하지만 '사람으로서의 처세' 원칙을 명심해야 한다고 생각한다.

다만 안타깝게도 '사람으로서의 처세' 기술은 학교에서는 가르쳐 주지 않고 가르칠 방법도 없다. 그 이유는 이와 같은 '생활 속 지혜'는 반드시 사회에서 굴러 보고, 경험해 보고, '인생'을 느껴봐야 비로소 점차 그 맥락을 파악할 수 있기 때문이다.

제대로 된 사람이란 무엇인가? 간단하게 말해서 다른 사람과 잘 지내는 능력이다. 이는 당신의 학력과 관계가 없다. 또한 이는 수많은 경영자가 학력이 높지 않은데도 불구하고 수많은 돈을 벌어들이는 중요한 요소이기도 하다. 그들은 '제대로 된 사람'이 무엇인지 잘 안다.

나는 학생들에게 사회에 진출하고 나서도 끊임없이 자신의 전문성을 갈고닦아야 하지만 절대 과도하게 의지해서는 안 된다고, 특히 '사람'을 처리하는 문제에서 그래서는 안 된다고 자주 이야기한다. 그 이유는 사람 문제는 전문성으로는 해결할 수 없기 때문이다. 반드시 '세심'하게 '관찰'하며 '다른 사람'이 필요로 하는 것에 관심을 가지고, 다른 사람을 중요하게 생각해야 한다.

경영자와 관련된 일이라면 아무리 사소해도 성공에 관건이 되는 큰일이다.

많은 경영자의 가르침과 훈련 덕분에 나는 매번 다른 사람과 접촉할 때마다 친분을 돈독히 할 수 있는 '사소한 일'에 주의를 기울인다. 처음 우 회장님을 만났을 때처럼 '한담 중'에 나는 그분이 계속 '토지개혁을 논하다'를 갖고 싶어 했다는 사실을 알 수 있었다. 나는 그날 밤 당장 대만으로 전화를 걸어 나의 인맥을 총동원해서 5일 이내에 그 책을 찾아달라고 부탁했다. 내가 선전을 떠나기 전에 반드시 그 책을 선전까지 부쳐 달라고.

그 밖에도 우 회장님이 배드민턴을 좋아한다는 사실을 안 나는 즉시 자비로 운동화와 운동복을 마련했고, 매일 우 회장님과 함께 기분 좋게 배드민턴을 쳤다.

한번 생각해 보라. 만약 내가 우 회장님에게 이번에 선전으로 온 이유는 배드민턴을 치러 온 것이 아니라 회의 때문이라고, 혹은 운동화와 운동복이 없으니 '나중에' 같이 치자고(바보라도 당신이 자신을 속이고 있다는 것을 알 것이다) 거절했다면 어땠을까? 내가 아무리 법률에 정통하고 말재주가 좋아도 커 회장님이 내게 맡긴 일을 제대로 해낼 수 있었을까?

우리는 종종 '신뢰'하는 사람이 하는 말만 듣는다. 적개심을 품은 사람의 백 마디 말은 신뢰하는 사람의 말 한 마디를 이겨 내지 못한다.

일 처리를 잘하고 싶다면 먼저 사람들과 친구가 되어야 한다.

친구 관계를 수립하는 데 가장 기본적인 것은 신뢰다. 신뢰가 있어야 당신이 하는 말, 당신이 제안한 건의, 정책이 비로소 순조롭게 진행된다. 그러므로 **'사람으로서의 처세', '제대로 된 사람이 되는 것'은 '처세'의 전제조건이다.**

나는 한 회사의 CEO인 리(李) 대표가 전립선 수술을 마쳤다는 소식을 듣자마자 중국의 식품을 믿을 수가 없어서 매번 선전에 회의하러 갈 때마다 전립선에 좋은 보조 식품을 가져다주었다. 비록 몸은 타향에 있지만 따스함을 충분히 느낄 수 있도록 말이다. 이처럼 사소한 배려 덕분에 내가 회사의 업무 분야에서 잘 모르는 게 있을 때 리 대표는 항상 자세하게 하나하나 설명해 주었다.

대만의 국민 MC 장샤오옌(張小燕)은 '제대로 된 사람은 온기를 느끼게 해준다.'라고 말했다.

사람과 사귈 때, 모두의 신뢰를 얻고 싶다면 추켜세우는 말이나 아첨, 술 접대를 할 게 아니라 신용을 중시하고 일을 융통성 있게 처리하며 내면에서 우러나온 배려로 온기를 느낄 수 있게 만들어야 한다. 당신이 다양한 '사람' 문제를 처리할 능력을 소유할 때, 모든 경영자는 당신을 중용하고, 당신은 상상을 초월하는 보답을 얻을 수 있을 것이다.

록펠러(John D. Rockefeller)는 말했다.

"나는 세상의 그 어떤 능력보다도 인간관계를 처리하는 능력을 지닌 사람에게 높은 연봉을 지불한다."

혁신적일수록 성공한다

나는 딸아이 후뉴뉴(虎妞妞. '암컷 아기 호랑이'라는 뜻으로 아기의 태명 혹은 아명으로 보이다-역주)와 그림을 그리고 있었다. 한참을 그리다가 딸아이가 의문이 가득한 표정으로 나에게 물었다.

"아빠, 아빠는 왜 계속 거기에만 그림을 그려요?"

나는 내가 어디에 그림을 그리는지 신경 쓰지 않고 있다가 딸의 말을 듣고 자세히 보고서야 문득 깨달았다. 나는 '그림 그리는 칸'에만 그림을 그리고 있었던 것이다. 그림책에 '그림 그리는 칸'이 따로 표시되어 있었기 때문이다.

그리고 우리 딸아이는 어떤 제약도 받지 않고 매우 즐겁고 자유분방하게 여기저기에 그림을 그리고 있었다.

우리는 어렸을 때부터 다양한 틀의 '제약'을 받는다. 틀은 우리의 잠재 능력을 제한하고, 심지어 우리에게 가장 중요한 용기를 망가뜨린다. 일단 매일 틀 속에 갇혀 바쁘게 살아가다가 걸음을 멈추고 보면 나 자신이 이미 오랫동안 무시해 왔던 틀을 발견하게 된다.

틀 밖의 세상은 자유롭고 재능을 펼칠 수 있지만 위험이 충만하다는 사실을 당신은 마음 깊은 곳으로부터 잘 알고 있다. 사람들은 대부분 틀 안에서 안전하게 머무르기를 선택한다. 대담하게 도전하려는 결심이 부족하면서도 끝없이 틀 밖의 세상을 부러워한다. 바로 이렇게 모험을 할 수 있는 가장 귀중한 청춘이 세월과 함께 흘러가 버리고, 우리 몸속의 뜨거운 피는 차갑게 식어 버린다. 심장 박동 또한 점차 느려지고, 항상 똑같이 먹고살기에 바쁜 생활만 남는다.

틀 안은 안전하고, 틀 밖은 위험으로 가득하다. 그러나 틀 밖에서는 재능을 펼치고 난 후 자유를 누릴 수 있다. 때로는 비틀거릴 수도 있지만 절대 후회는 하지 않는 아픈 인생이다.

난해한 두 가지 선택에 절대적인 옳고 그름은 없다. 그저 가치관의 차이만 존재할 뿐이다. 그러나 가치관이 당신의 운명과 인생을 결정한다.

어렸을 때 아주 말이 많았던 나는 특히 수업 시간에 떠드는 것을 좋아했다. 매번 수업 시간에 떠들어서 선생님께 혼나곤 했다.

당시 초등학교에는 지적 장애 학생을 위한 특수반이 개설되지 않았었다. 그래서 지적 장애가 있는 학생도 모두와 함께 수업을 들었다. 우리 반에는 지적 장애가 있는 아잔(阿展)이라는 친구가 있었는데, 그 아이는 평소에 말이 별로 없다가 기분이 나쁜 일이 있으면 크게 소리를 질러대서 수업에 영향을 끼쳤다. 그러면 선생님은 아잔을 교실 뒤의 게시판이나 쓰레기통 옆에 앉혔다.

그리고 선생님은 '수업에 영향을 끼치는' 학생인 나에게도 아잔 옆에 가서 같이 앉아있으라고 하셨다…….

잠시 후 선생님은 정말로 폭발하셨다.

그 이유는 내가 교실 뒤편의 '특별석'에 앉아서 본분을 지키지 않았기 때문이다. 어렵사리 옆에 '도망가지 않는' 친구가 앉아 있지 않은가. 비록 약간 '특별'하기는 했지만 나는 온 힘을 다해 아잔을 웃기기 위해 노력했다. 다만 아잔이 한 번 웃기 시작하면 멈출 줄을 모른다는 것을 나는 생각지도 못했다. 선생님이 수업을 진행할 수 없음은 물론이고 너무 큰소리로 웃어서 옆 반 선생님이 도대체 무슨 일인지 일부러 우리 교실을 찾아와 볼 정도였다.

이번에는 단순한 꾸지람으로 끝나지 않았다. 선생님은 부모님께 내일 학교로 오시라는 연락을 드리라고 하셨다.

다음 날 부모님이 학교에 오셨을 때, 선생님은 그동안 쌓였던 불만을 단번에 다 털어놓으셨다. 부모님의 얼굴이 점차 험악해지는 가운데 나는 속으로 회초리를 맞을 준비를 하고 있었다.

무서워서 벌벌 떨고 있는데 선생님이 갑자기 말씀하셨다.

"그렇지. 말을 못 하면 죽기라도 하는 것처럼 떠들기를 좋아하는 녀석이니까 웅변대회에 나가 보는 게 어떻겠니? 마침 민남어 (閩南語, 중국어 방언 중 하나-역주) 웅변대회가 있으니 네가 반 대표로 나가서 공을 세우면 그동안 잘못한 건 용서해 주마. 만약 3등 안에 들면 혼내지 않을게."

당시의 나는 회초리만 피할 수 있다면 무슨 일이든지 할 수 있었다.

이렇게 나는 엉겁결에 웅변 무대에 오르게 되었다.

결국 나는 처음으로 참가한 교내 대회에서 순조롭게 1등을 차지해 담임 선생님의 체면을 세워 주었고, 나 자신도 회초리에서 벗어날 수 있었다. 이어서 나는 학교를 대표해 싼충(三重)구의 대회에 참가해 2등을 했고, 정식으로 싼충구를 대표해 현 대회에 참가하게 되었다.

단번에 전교가 떠들썩해졌다. 교장 선생님은 황급히 웅변대회를 가르친 경험이 있는 선생님을 찾아 나를 특별훈련시켰다. 담임 선생님은 교단 위에서 발표할 기회를 많이 주어 실전 경험을 쌓게 하셨다.

하하, 정말 꿈에도 생각지 못한 일이었다. 수업 시간에 말을 할 수 있을 뿐만 아니라 반 전체 친구들이 얌전히 앉아서 내 이야기를 듣고 있다니. 정말 기분이 좋았다.

한동안의 특별훈련을 거쳐 대회 날이 다가왔다. 대회 날 당일은 정말 장난이 아니었다. 현장의 참가자들은 모두 현의 각 구에서 2등 안에 든 우수한 학생들이었으니 긴장하지 않았다면 거짓말이었다. 그러나 전교의 기대라는 사명감을 지고 나는 최선을 다했고, 최고의 웅변으로 대회를 마치는 데 집중했다.

성적이 발표되었다. 나는 뜻밖에 현 전체에서 준우승을 차지했다. 학교의 기록을 세운 것이다.

상을 받은 다음부터 학교에서는 다양한 민남어 웅변대회가 열릴 때마다 나를 내보냈다. 초등학교, 중학교, 고등학교에 이르기까지 크고 작은 대회를 막론하고 나는 참가하기만 하면 기본적으로 상을 받았다.

나는 '웅변의 고수'라고 불렸다.

그러던 중 고2의 어느 날, 나는 텔레비전에서 매우 감동적인 웅변을 보게 되었다. 다 본 후, 마음속에 큰 의문이 생겼다. 왜 세계적으로 공인받은 웅변가와 내가 국어 웅변대회에서 웅변하는 스타일에 큰 차이가 날까? 왜 저 사람은 '정해진 양식'대로 과장되게 웅변하지 않는 걸까? 저 사람의 웅변 방식이 옳은 걸까 아니면 내가 받은 훈련 방식이 옳은 걸까?

나중에 나는 시간을 들여 최고의 웅변가들을 수없이 연구했고, 그들 모두 웅변대회처럼 과장되게 말하지 않는다는 사실을 발견했다. 그렇지만 공통점도 있었는데 그것은 바로 웅변 내용과 표현 방식이 고도로 '청중의 마음을 흔든다.'라는 것이었다.

내가 지금까지 받은 정해진 양식대로의 훈련은 정확한 발음을 중시하고 과장된 어조와 손짓을 곁들여 '개인의 특성'이 아닌 '표준 동작'을 강조하는 것이었다.

나는 오랫동안 생각했다. 과연 누구의 방식이 옳은 걸까?

끊임없는 내면의 갈등을 겪은 후 나는 내 인생을 변화시킬 만한 중요한 사고방식을 깨닫게 되었다. 그리고 내 마음속에 매우 중요한 정의 및 가치관을 확립했다. 가장 뛰어난 웅변이란 바로 '청중의 마음을 흔드는' 웅변이라는 사실이었다.

얼마 지나지 않아 마침 교내에서 국어 웅변대회가 열렸고, 늘 그랬듯이 나는 추천을 받아 민남어 웅변 종목에 참가하게 되었다. 선생님과 친구들은 모두 내가 이번 대회에서 십중팔구 1등을 할 거라고 예상했다.

나는 이번 대회부터는 '나 자신만의 길'을 걷기로 했다.

내가 생각하는 '최고'의 방식으로 '틀'을 깨기로 한 것이다.

'당신의 시간에는 한계가 있다. 다른 사람을 위해 살지 말고, 규

칙의 제한을 받지 마라. 다른 사람의 관념 속에서 살지 마라.'

– 스티브 잡스

성적이 발표되었고, 나는…… 1등도 아니었고 2등도 아니었다. 그렇다고 3등도 아니었고…… 나는 4등을 했다.

이는 내가 웅변대회에서 받은 가장 낮은 성적이었고, 모든 사람의 기대를 깨뜨렸다. 그러나 나는 드디어 나만의 길을 가게 되었다는 사실을 알았기 때문에 정말 기뻤다. 좋든 나쁘든 '나의 방식' 이었다. 나는 틀을 깨부수고 자유를 얻었다.

성장은 과거의 자아를 부정하고 미래의 자아를 만들어 가는 과정이다.

다년간의 노력을 통해 나는 전통적인 웅변 방식의 틀을 뒤엎고 나 자신만의 특색을 드러내는 데 성공했다. 현재의 나는 시간당 1만 달러가 넘는 강연료를 받으며 높은 몸값을 받는 강사의 대열에 들어섰다. 더욱 중요한 사실은 무엇이 진정한 강연인지 나 자신이 아주 잘 알고 있으며, 나 자신만의 '정의'를 사용하기 시작했다는 점이다.

만약 당시의 내가 틀 안의 후광에서 벗어나기를 원하지 않았다면 설령 전국에서 1등을 했더라도 나는 나의 웅변에 '나만의 생각'과 '영혼'이 없다는 사실을 내면 깊은 곳에서부터 잘 알고 있었을 것이다.

나는 나만의 생각과 영혼을 소유한 강연가다. 모든 사람의 마음을 '흔들고' 수많은 청중에게 '긍정적인 영향'을 주는 것, 이것이 나의 핵심적인 가치관이자 나만의 길이다.

정확한 결정이 없다면 결정을 정확하게 만들어 갈 수밖에 없다

쌴충 고등학교에 다닐 때, 나는 전교 학생들에게 대만대학 법학과에 가서 학교의 영광스러운 역사를 만들어 낼 거라고 말하고 다녔다. 많은 친구가 너는 성공하지 못할 거라고, 우리 학교가 상위 3지망 안에 드는 학교도 아닌데 어떻게 대만대학 법학과에 들어갈 수 있느냐고 말했다. 국립대학에 진학하기만 해도 괜찮은 성적이라는 말이었다. 만약 대만대학에 들어간다면 그건 분명 조상님들이 덕을 많이 쌓으신 덕분일 거라고 했다. 도대체 무슨 방법으로 전국 최고의 대학에 들어간단 말인가?

그렇지만 나는 해냈다. 나는 성공적으로 쌴충 고등학교의 영광스러운 역사를 만들며 대만 최고의 대학인 대만대학 법학과에 합격했다……

나는 스물세 살에 법률 사무소를 창업하기로 결심했다. 수많은 사람이 너는 성공하지 못할 거라고, 너무 젊고 경험이 부족해서 수임을 맡지 못할 거라고 이야기했다.

그러나 나는 해냈다. 나는 성공적으로 파워 변호사 사무소를 창립했다…….

나는 모든 유형의 사건을 포기하고 소비자 보험 배상 건을 집중적으로 다루기로 결심했다. 수많은 사람이 너는 성공하지 못할 거라고, 소비자는 돈이 없으니 그런 건만 전문으로 다루기에는 시장성이 부족하다고 이야기했다.

그러나 나는 해냈다. 파워 변호사 사무소를 소비자 보험 배상만으로 국내에서 유명한 법률 사무소로 만들어 내는 데 성공했다. 이 분야에서의 성공으로 나는 첫 집을 마련할 돈을 벌었다.

나는 사무소에서 소송건을 받지 않고 가장 사랑하는 일, 즉 강연과 글쓰기에 몰두하기로 했다. 수많은 사람이 보험 분야의 틈새시장을 포기하고 모험에 나서는 건 너무 바보 같은 일이라고 말했다. 게다가 강연과 글쓰기만으로는 굶어 죽을 게 빤하다고 했다.

그러나 나는 해냈다. 나의 데뷔작 '젊은이들이여, 안전한 게임만 하지 마라'는 중쇄를 거듭했다. 게다가 나의 강연료는 2만 달러를 돌파했다. 나는 굶어 죽지 않았을 뿐만 아니라 강연과 글쓰기로 좋은 인연을 맺었다. 그리고 나를 발탁해 준 귀인들을 만나고 부동산 투자 분야에 뛰어들었다. 덕분에 나는 시야를 크게 넓히고 부를 축적할 기회를 얻었다.

　어렸을 때부터 우리는 늘 다양한 꿈과 포부를 가지고 살아간다. 우리가 꿈을 주위 사람들에게 이야기할 때, 사람들은 항상 습관적으로 말한다.

　"꿈도 야무지네. 바보 같은 생각하지 마."

　이렇게 단순한 말 한마디에 당신의 꿈은 무너진다.

　마음을 가라앉히고 생각해 보자. 사람들은 왜 그런 말을 할까?

　사랑하는 독자 여러분, 다시 한번 생각해 보자. 만약 오늘 당신 옆에 앉은 학생이 나는 반드시 대만대학에 갈 거라고 이야기했다고 치자. 그렇다면 양심에 손을 얹고 한번 말해 보라. 당신은 진심으로 그 학생을 축복해 줄 수 있는가? 정말로 그 학생이 당신보다 좋은 성적을 받기를 바라는가?

　답은 명확하다. 당신은 상대방의 꿈이 실현되기를 바라지 않고, 그의 투지를 발휘하도록 자극하고 싶지 않기 때문에 그런 즉각적인 반응을 보이는 것이다. 그러지 않으면 상대방이 성공했을 때, 당신은 실패자가 되기 때문이다. 그러므로 당신은 직접적 혹은 간접적인 방식으로 무슨 말이라도 해서 그의 '위험한' 생각을 단념시키려 한다.

　의지가 충분히 강하지 않을 때, 자기 자신에게 충만한 자신감이 없을 때 위대한 꿈은 인성의 가장 나약한 부분 때문에 억눌려 버릴 수 있다.

우리는 평소에 성공한 사람을 만나기가 어렵다. 우리 주위 친구들 대부분은 모두 평범한 사람이다. 다들 평범한 고등학생, 대학생, 직장인이다. 그들이 평범한 이유는 아주 간단하다. '사고방식'이 매우 평범하기 때문이다……

평범한 사고방식의 가장 큰 특징은 자기 자신에게 '과도한' 요구를 하지 않는다는 점이다. 꿈을 꿀 용기를 잃고, 성공 후의 청사진을 보지도 못하고, 그저 과정에서의 어려운 점만 생각하고…… 그렇기 때문에 그들은 평범해질 운명이다.

평범한 사람이 되는 것도 나쁘지는 않다. 누구나 자신의 인생, 생활 방식을 선택할 권리가 있으니까. 그렇지만 만약 당신이 가진 비범한 꿈에 대해 다른 사람들의 의견을 묻는다면, 평범한 사람의 사고방식에서 비범한 건의를 기대한다면 당신이 너무 천진난만한 것이다…….

헨리 포드(Henry Ford)는 말했다.

"만약 내가 과거에 고객들에게 무엇을 원하느냐고 물었다면 그들은 분명 더 빠른 말을 원한다고 대답했을 것이다."

스티브 잡스도 말했다.

'고객이 무엇을 원한다고 그것을 바로 줄 수는 없다. 당신이 필요한 것을 생산해 냈을 때, 소비자들은 이미 다른 물건을 원한다.'

만약 주위 사람들의 건의를 가볍게 믿고 의지한다면, 다른 사람의 의견에 결정이 흔들린다면 당신은 분명 아무 일도 성공하지 못하고 큰 인물도 되지 못할 것이다.

이 세상의 99%는 평범한 사람이고, 그들의 건의는 당신을 또 다른 평범한 사람으로 만든다는 사실을 기억하라.
당신의 꿈을 부정하는 이들은 전혀 본전이 들지 않는 쓸데없는 한마디 말만 한다.

나의 개인적인 경험에 비추어 보면 내가 무슨 일을 하고 싶다고 했을 때 반대하는 사람이 많았다. 나의 꿈을 좋지 않게 보는 사람이 많을수록 나는 더욱 흥분되었다. 내가 가는 길을 걷는 사람이 매우 적고, 성공할 기회가 아주 낮기는 하지만 성공한 후의 보상이 매우 높을 것이라는 사실을 알았기 때문이다.

예를 들어 예전에 내가 소비자 보험 배상 분야에 뛰어들었을 때는 경쟁자가 거의 없었다. 보험을 잘 아는 변호사들은 전부 보험회사 측의 변호사일 뿐이었고, 소비자에게는 돈이 없으니 시장성이 매우 낮다고 판단해서다.

그러나 나는 소비자를 위해 승소하기만 하면 된다고 생각했다. 승소하면 소비자는 보험금을 받게 되고, 변호사에게 지급할 비용도 생겨난다. 시장성이 없는 게 아니라 소비자를 대신해 승소할 능력이 있는지 없는지가 포인트였다. 결국 우리 팀은 열심히 노력해 수많은 소비자가 마땅히 받아야 할 보험 배상금을 받아내 주었고, 이에 적절한 보수를 받아 함께 이익을 얻는 결과를 낳았다.

나중에 수많은 사람이 나의 창업 과정을 이야기하면서 당시 내 안목이 매우 정확했다고 하며 소비자 보험 배상을 선택한 이유를 이해했다. 심지어 당시에 나를 좋게 보지는 않았던 사람들도 '그 선택은 정확했다.'라고 이야기했다……

참으로 이상한 노릇이지 않은가. 당시에는 아무도 좋게 보는 사람이 없었으면서 일단 성공하고 나니 모든 방향이 다 옳은 것이 되고, 모든 책략이 다 정확한 것이 되고, 모든 결정이 다 정확한 것이 되다니. 그러나 이것이 바로 현실적인 사회다.

이 사회에서는 모든 일을 '결과론'으로 따진다는 사실을 기억하라.

당신이 대만대학에 합격한다면, 사람들은 다들 당신을 '우등생'이라고 칭찬한다.

당신이 창업에 성공한다면, 사람들은 모두 당신을 '기업가'라고 부른다.

성공해야만 비로소 당신이 선택한 길이 옳았으며 애초에 착오는 존재하지 않았다는 사실을 증명할 수 있다.

즉 '승패로 영웅을 논한다'는 말이다.

우리는 끊임없이 다른 사람들의 의견에 관심을 가진다. 아버지, 어머니, 선생님, 학교 선배들에게 제차 의견을 묻고, 심지어는 무속인을 찾아가 점을 치고, 예수, 부처님께 기도하며 자기 생각을 지지해 주기를 기대한다. 혹은 모든 사람의 의견에 부합하게끔 전략을 끊임없이 수정한다. 이러는 이유는 조금이라도 안정감을 느끼기 위해서다. 혹시라도 미래에 실패했을 때 느낄 심리적 부담감을 다른 사람과 일정 부분 분담하고 싶은 것이다.

물어볼 사람이 많아질수록 당신은 자신이 나아가야 할 방향이 더 혼란스러워진다는 사실을 발견할 수 있을 것이다. 심지어 반대 의견에 정신이 혼란스럽기도 하고, 최초의 목표와 갈수록 멀어지기도 한다. 문제는 다른 사람이 아닌 당신 자신에게 있다. 당신이 자기 자신조차 믿지 못하기 때문이다. 게다가 모험할 용기조차 없다.

많은 아이가 어렸을 때부터 단일한 루트를 따라 노력한다. 중학교 때는 열심히 노력해서 좋은 고등학교에 진학하고, 고등학교에서는 열심히 노력해서 좋은 대학에 간다. 그러나 대학을 떠나 직장에 들어가고 직업을 선택할 때는 더 이상 루트가 단일하지 않다. 직업과 분야가 매우 다원화되어 있어 아이들은 단번에 막막해진다. 결국에는 졸업할 용기조차 없어서 졸업을 유예하거나 대학원에 진학한다……

졸업을 할까 아니면 대학원에 가거나 외국에 나가 공부를 할까? 직업은 어떤 분야를 선택해야 할까? 어떤 분야의 전망이 좋을까? 해외에서 일을 해야 할까? 이렇게 많은 선택 사항이 갑자기 나타나면 수많은 사람이 '결단력'을 잃는다.

사람이 때로 선택하지 못하는 이유는 선택 사항이 너무 적어서가 아니라 오히려 너무 많아서다.

수많은 사람이 매일 끊임없이 다른 사람들의 의견을 물으면서 완벽하고 정확한 결정을 찾을 수 있기를 기대한다. 그러면서 청춘의 일 분 일 초도 낭비하고 싶어 하지 않는다. 나는 일단 '정확한 결정을 찾자.'라는 그릇된 미로에 빠지면 '생각만 하고 결단은 내리지 못하는' 상황이 되어 제자리에만 머물기 때문에 자신의 인생과 가장 소중한 청춘을 함부로 낭비하게 된다고 생각한다.

당신은 절대 정확한 결정을 내리지 못한다. 그저 최선을 다해 결정을 정확하게 만들어 갈 수 있을 뿐이다.

전력을 다해 성공을 손에 넣은 그 순간, 성공은 비로소 당신의 결정이 정확했음을 증명해 준다. 그러기 전에는 '정확한 결정'이란 존재하지 않는다. 당신이 아무리 '완벽한' 결정을 내리고 계획했더라도 결과가 실패면 당신의 결정은 전부 잘못이 된다.

'일을 계획하고 결단력이 있는 사람'이 바로 인재다. 용감하게 결정을 내렸다면 설령 잘못되거나 패배하더라도 뭐 어떤가? 저어도 그 길이 통하지 않는다는 사실을 증명할 수 있지 않은가. 실패에 무너지지 않고 역전승을 거두면 당신은 성공보다 더 위대한 것을 증명할 수 있다. 그것은 바로 '나는 실패를 받아들일 수 있다'는 사실이다.

부동산업계의 여왕 탕첸위(唐千喩)는 말했다.

'인생은 무언가를 얻는 것이 아니라 배우는 것이다.'

사실 단번에 성공했다고 해서 기뻐하기는 너무 이르다. 이번의 성공은 당신이 대단해서가 아니라 일반적으로 '운이 좋았기' 때문이다. 실패가 누적되지 않은 성공은 위험하다. 그 이유는 성공을 증명할 수만 있을 뿐 자기 자신이 실패를 받아들일 수 있다는 사실을 증명하지 못하기 때문이다. 만약 당신이 끊임없이 성공하고 실패를 겪지 않았다면 실패가 찾아온 그날, 단번에 KO패를 당할 가능성이 매우 높다.

어느 날 당신이 실패를 극복할 수 있다는 사실을 증명할 수 있다면, 이는 비로소 진정으로 강인한 사람이 되었다는 뜻이다. 그 이유는 당신이 더 이상 실패를 두려워하지 않기 때문이다. 그래서 사람들은 용감한 자는 두려움이 없다고 말한다.

내 인생의 극본을 결정하고 책임질 사람은 당신 자신이라는 사실을 기억하라.

가장 핵심적인 목표가 주위 사람들의 관점과 의견 때문에 좌우되어서는 안 된다. 인생이라는 모험 길에서는 누구나 고독하기 마련이다. 당신이 의지할 수 있는 건 오로지 자신뿐이다. 나만의 직감을 믿으며 발걸음을 내디디고, 어둠이 내릴 때까지 그 길을 끝까지 나아가야 비범한 인생을 창조할 수 있다. 설령 죽음이 닥치더라도 나 자신이 1%에 속하는 성공자라는 사실을 믿어야 한다.

나는 나다. 나는 인생을 책임지고, 평생 분투하며 나의 결정이 정확하다는 사실을 증명해 냈다. 나는 끝까지 걸어 나갈 내 인생의 길이 틀리지 않다고 믿는다. 절대 틀릴 리가 없다.

마음이 강해야
진정으로 강한 사람이다

"VSD(심실 중격 결손증-역주)가 뭔가요?"

깜짝 놀란 나는 의사 선생님에게 물었다.

"선천성 심장병의 일종입니다. 산전 검사에서 발견되는데, 저절로 아물 가능성이 70%는 됩니다."

의사 선생님이 차분하게 대답했다.

"그럼 나머지 30%는요?"

긴장한 내가 연이어 물었다.

"태어난 후에 수술해야 합니다."

의사 선생님이 잠시 침묵한 후 대답했다.

의사 선생님은 우리에게 앞으로 몇 개월 동안 산전 검사를 통해 아기의 심장이 발달하는 상태를 세심하게 관찰해야 한다고 말했다.

의사 선생님의 설명을 들은 후, 나와 아내는 무력하게 대만대학병원을 나섰다……

아이를 낳아 본 적이 있는 부모라면 분명 공감할 거라 믿는다. 1㎝도 안 되는 수정란에서 점차 심장이 뛰고, 머리와 팔다리가 생겨 사람의 형태를 갖추기까지 매번 진행되는 산전 검사를 받으며 부모들은 아이를 맞이하는 기쁨과 기대도 있지만 걱정이 더 많다. 의사 선생님이 언제 아이에게 선천적인 질병이 있다고 이야기할지 몰라 겁이 나는 것이다. 비록 그럴 확률이 높지 않다는 사실은 잘 알고 있지만 그래도 걱정하지 않기란 어렵다. 하물며 우리는 오늘 의사 선생님으로부터 뱃속의 딸이 VSD라는 선천성 심장병을 앓고 있을 수 있다는 이야기를 들었지 않은가.

인터넷에서 수많은 자료를 찾아본 후, 우리 부부의 마음은 땅속까지 곤두박질쳤다……

이번 일은 다시금 나의 내면 깊은 곳에 자리하고 있는 '두려움의 악마'를 불러냈다.

어렸을 때부터 무수한 도전과 난관을 마주하면서 나는 시종일관 굳게 믿고 있는 사실이 하나 있는데, 바로 '폭발적인 스트레스가 있어야 비로소 폭발적인 성장도 있다.'라는 것이다. 이는 내가 운동선수 시절에 깨달은 점이다. 그래서 진학 시험이나 변호사 시험, 창업을 마주하면서 어떤 스트레스를 받든 나는 스스로 끊임없이 노력하기만 하면 난관을 넘을 수 있다고, 이겨낼 수 있다고 믿었다. 한 차례씩 승리를 겪으면서 나의 능력은 강해졌고, 경험도 늘어났다. 나는 스스로 강한 마음만 지니고 있다면 다양한 인생의 도전을 마주할 수 있다고 생각했다.

부모님이 연이어 암에 걸리시기 전까지는 그랬다. 설령 내가 애써 번 돈을 다 쓴다 부모님께서 최고의 치료를 받으시고 약을 드실 수 있다면 괜찮다고 생각했다. 그러나 불행하게도 부모님은 나의 곁을 떠나셨다…….

나는 아직도 기억한다. 매번 아버지를 모시고 대만대학병원에서 검사 결과를 들을 때마다 형용하기 힘든 두려움이 있었다. 의사 선생님이 어디에 재발했다, 어디에 전이되었다, 엑스레이 사진에 그늘이 보인다고 말씀하실지도 모르는 게 가장 두려웠다.

검사 결과가 좋지 않으면 우리 가족은 또 한 차례 암 수술, 전기 치료, 화학 치료의 과정을 겪어야 했다. 아버지도 물론 고통을 받으셨지만 식구들도 마음을 졸이며 환자를 보살피느라 피곤했고, 아버지가 한 걸음씩 우리를 떠나가시는 것 같아 걱정되었다.

이런 심정은 보통 사람이 상상할 수 없는 것이다. 그저 암담하고 처참하다는 말로 형용할 수밖에. 그래서인지 우리 아버지는 매번 검사 결과를 들으러 갈 때마다 마치 '선고'를 받는 느낌이라고 말씀하신 적이 있다.

매번 아버지를 모시고 대만대학병원에 가서 정해진 검사를 받고 결과를 기다리는 날들은 미지에 대한 두려움과 무력감을 마주하는 시간이었다. 내가 아무리 노력해도 그런 초조함은 사라지지 않았다. 그저 '어쩔 수 없이' 결과가 나오기를 기다리고, '선고'를 기다리는 날들이었다.

사람은 고난을 받으면 고통스럽지만 그게 가장 큰 고통은 아니다. 가장 고통스럽고 괴로운 것은 고난이 닥쳐왔을 때 미지의 공포 속에서 기다리는 것이다.

매번 검사 결과가 안 좋게 나올 때마다 아버지는 항상 바로 물으셨다.

"수술할 수 있을까? 이번 고비도 넘길 수 있으려나?"

아버지는 자식을 위해서 살아남을 어떠한 기회도 포기하지 않으셨고, 아무리 큰 고통이라도 기꺼이 감내하셨다. 이번만 넘기면 살 수 있다고, 병마를 이길 수 있을 거라고 믿으셨다.

우리는 항상 희망을 품고 있었는데……

아버지께서는 마지막으로 왼쪽 어깨 림프샘에 전이된 암 수술을 받으셨을 때도 결국에는 완치될 것이라는 희망을 품고 계셨다. 그러나 아버지는 병마를 이겨내지 못하셨고, 얼마 지나지 않아

합병증으로 폐렴이 생겨 우리를 떠나시고 말았다⋯⋯.

아버지가 세상을 떠나시기 전날 밤, 대만대학병원 응급실에서 나는 아버지께 병세를 설명해 드렸다. 의사가 아버지의 상황이 아주 좋지 않다고, 아마도 오늘 밤에 우리를 떠나실 것 같다고 말했다고 알려드렸다. 그러면서 나는 상황이 긴박해지면 삽관으로 연명 치료를 하기를 원하는시 물었다. 아버지는 평소에 나와 대화하던 화이트보드에 '자연스럽게 놔둬라.'라고 쓰셨다. 나는 이 말을 영원히 잊지 못할 것이다⋯⋯.

수차례의 큰 수술, 전기 치료, 화학 요법을 겪으시는 아버지의 얼굴에서 조금도 두려움을 찾아볼 수 없었다. 그렇다고 용기도 아닌, 그저 평온하게 죽음이 찾아오기를 기다리시던 모습⋯⋯ 아버지는 더 이상 고통을 거부하지 않으시고 운명의 안배를 받아들이셨기에 어떠한 미지도, 고난도 다 감내하셨다. 결국 아버지는 내면의 진정한 평화를 얻으셨다⋯⋯.

우리가 고통스러운 건 고통을 거부하기 때문이다. 우리가 더 이상 고통스럽지 않은 건 고통 속에 길이 있다고 믿기 때문이다. 평온한 마음은 인생의 모든 두려움, 고통에서 벗어날 수 있는 유일한 출구다.

부모님은 연달아 암에 걸리셨고, 끝없는 항암 치료 과정, 끝없는 두려움, 끝없는 초조함이 계속되었지만 결국 죽음에서 벗어나지 못하셨다……

이처럼 극히 특수한 삶의 경험은 젊은 시절의 내가 '삶과 죽음이란 무엇일까.'라는 문제를 마주하게 만들었다. 그러나 나는 아직도 '삶과 죽음'을 평온하게 받아들이는 법을 배우지 못했다. 어쨌든 나는 너무 어렸고, 모든 것이 내게는 너무 잔인했다……

그래서 결국 나의 마음 가장 깊숙한 곳에는 '질병에 대한 두려움'이라는 '악마의 씨앗'이 심어졌다……

딸의 지난번 산전 검사 이후, 나는 초조함을 멈출 길이 없었다. 아이가 태어나자마자 심장 수술을 받아 온몸에다 삽관하고, 질병의 괴로움과 고통을 마주할까 계속해서 걱정되고 마음이 아팠다. 나를 가장 자책하게 만든 건 내가 이룬 일들이 다 유명무실하고 이 모든 것을 마주하고도 속수무책이라는 사실이었다. 내 자식인데…… 나는 쓸모없는 아빠였다……

두려움, 초조함, 자책감이 조금씩 나의 마음을 갉아먹었다. 그러면서 점차 나의 마음과 정상적인 생활에 영향을 끼치기 시작했다……

사람은 고난과 곤경을 받아들일 무한한 가능성을 지니고 있지만, 벌레처럼 조금씩 영혼을 갉아먹는 초조함은 당해 낼 수 없다.

몇 개월이 지나고 몇 번이나 산전 검사를 받았지만 결과는 여전히 VSD였다.

내가 할 수 있는 유일한 일은 관성제군(관우를 신격화하여 이르는 말-역주)의 보우를 기도하는 것이었다……

어느 날 이른 아침, 관성제군 앞에서 기도를 드리는데, 순간적으로 어떤 목소리가 나의 뇌리로 밀려들었다.

"마음을 가라앉혀라."

만약 피할 수 없는 일이라면 받아들이자. 그리고 만약 걱정하는 일이 전혀 발생하지 않는다면 당신이 지금 느끼는 초조함은 다 쓸데없는 것이다. 어쩌면 당신이 시시각각 걱정하는 일의 99%는 전혀 발생하지 않을 수도 있다는 사실을 기억하자.

나는 걱정을 내려놓기로 하고 내가 해야 할 일에 몰두했다. 신기하게도 글쓰기와 강연에 집중하니 나는 그 당시에 나를 걱정시켰던 일을 잊을 수 있었고, 나의 마음은 모처럼 평온한 순간을 얻었다.

당신이 아무리 똑똑해도 동시에 두 가지 일을 마음에 담을 수는 없다. 일에 전념할 때 잠시 걱정스러운 일을 잊을 수 있고, 당신은 편안하고 온화하며 평온한 마음을 얻을 수 있을 것이다.

그러나 하루의 바쁜 일을 마치고 집에 돌아가면 초조한 마음이 슬금슬금 내면 깊은 곳에서부터 엄습하기 시작했다. 나의 '마음'은 다시 혼란스러워지고, 감정은 마치 들소처럼 제멋대로 날뛰었다. 그리고 발생할 가능성이 아주 미약한 일의 결과를 무한히 확대하기 시작했다.

걱정이 당신을 해치는 순간은 바쁠 때가 아니라 일을 마친 후 깊은 밤 혼자 있을 때다.

나는 비록 어려서부터 수많은 고생을 했지만 하나하나 극복하면서 '강인한' 마음을 얻었다. 나는 스스로 강인한 사람이라고 생각했으나 '마음의 악마'를 마주하니, 그것은 나의 내면 가장 깊은 곳을 좀먹고 나를 나약하게 만들었다. 그리고 마음을 불안하게 했고, 나는 두려움과 걱정을 앞에 두면 사람이 이렇게나 '나약'해질 수 있다는 사실을 알게 되었다…….

나는 어떻게 하면 '평온한' 마음을 얻고 진정으로 '강인한' 마음을 소유하게 될 수 있는지 생각하기 시작했다.

수많은 책을 보고, 한참을 사고한 후에야 '역경(易經)'에서 중요한 깨달음을 발견했다.

'적선지가, 필유여경.(積善之家, 必有餘慶. 착한 일을 계속하는

집에는 반드시 복이 있다는 뜻-역주)

한 차례씩 선행을 실천하면서 점차 마음의 나쁜 생각과 때를 제거하고 씻어 버리면 당신의 마음은 점차 최고의 선, 순수한 선의 경지에 다다르게 된다. 그러면 마음의 광명을 얻고 '평온함'을 얻을 수 있다. 이것이 바로 '치양지(致良知. 양명학의 중심 사상으로, 양지를 실현하는 것-역주)'를 갈고닦는 노력이다.

순수한 선을 소유한 평온한 마음을 유지할 때, 생로병사, 고통과 이별 등 고난 속에서도 '흔들리지 않는 마음'의 경지에 달할 수 있다. 그리고 당신이 무수하게 쌓아온 선행과 선한 생각이 모든 고난을 평온하게 넘기도록 해줄 거라는 사실을 믿어야 한다.

선행의 가장 큰 보답은 부나 명성이 아니라 평온한 마음 이다.

어쩌면 비이성적이고 추상적인 데다 종잡을 수 없는 말이라고 생각할지도 모르지만 '선행의 가장 큰 보답은 부나 명성이 아니라 평온한 마음이다.'라는 건 내가 무수히 겪으며 몸소 깨달은 점이다. 우리 앞에 고난이 닥쳤을 때, 우리는 그 일이 왜 나에게 발생했는지 논리적으로 해석하기 어렵다. 심지어는 신에게 '왜 저에게 이런 시련을 내리십니까?'라고 묻지 않는가?

지금의 나는 마침내 깨달았다. 진정으로 강인한 사람은 무수한 재물을 가진 사람이나 지고무상의 권력을 소유한 사람, 자랑스러운 학력을 지닌 사람이 아니라 어떤 경우에도 항상 '평온한' 마음을 유지할 수 있는 사람이라는 사실을. 일이 순탄하든 어렵든 혹은 병고를 겪든 사별을 하든 말이다.

마음이 강해야 진정으로 강한 사람이다.

나는 이렇게 중요한 사실을 깨달은 후 걱정을 멈추었다. 나는 나 자신에게 지금껏 많은 사람을 도왔지만, 앞으로도 더 많은 사람을 도와야 한다고 이야기했다. 나는 무수한 선행이 쌓은 선한 생각이 내게 평온한 마음을 가져다주고 모든 고난을 넘길 힘을 가져다줄 거라 믿었다.

나는 우리 딸이 괜찮을 거라고, 절대 그럴 것이라고 마음속 깊은 곳에서부터 믿었다.

선의 역량은 당신의 마음을 평온하게 만들고, 모든 고난이 지나갈 것이라고 믿게 해준다.

딸의 마지막 산전 검사에서 의사 선생님은 기뻐하시며 VSD가 사라졌다고, 심장의 결손이 완전히 아물었다고 우리 부부에게 말씀하셨다.

반년 후, 나는 딸이 보내는 첫 번째 음력 설날에 생애 첫 홍바오(紅包. 명절이나 경사스러운 날에 돈을 담아 건네주는 봉투-역주)를 건네주면서 그 위에 이렇게 적었다.

'적선지가, 필유여경.'

나는 우리 딸아이가 이 말을 평생 새기며 시시각각 실천하기를 바란다. 나는 아이의 인생이 성장함에 따라 이 말의 뜻을 깨우치고, 그 깨우침을 실천하며 학력, 재물, 성취보다 더 가치 있고 소중한 역량을 얻을 수 있을 거라 믿는다.

당신은
체면이 서는 사람인가

내 직업은 변호사다. 일반적인 상황에서 성공한 경영인은 법률문제가 생겼을 때만 나를 떠올리고, 내게 자문하러 온다. 그러나 모든 사람이 종일 법률문제나 소송에 시달리지는 않는다. 어찌 됐든 일반적으로 성공한 경영인 주위에는 이미 회사에서 고용한 변호사가 존재하기 마련이다. 그러니 어떻게 나 같은 애송이한테까지 차례가 돌아오겠는가?

그러나 나는 속으로 '나의 상상력'을 돌파하려면 반드시 성공한 경영인을 '바짝 뒤따라야' 한다는 사실을 알고 있었다. 그래서 어떻게 성공한 경영인에게 다가갈 수 있을지는 반드시 해결해야 할 큰 문제였다.

갓 국제 로터리 클럽에 가입했을 때, 매주 열리는 정례 모임

식사 자리에서 나는 항상 선배들이 토론을 벌이며 각자 분야의 최신 정보를 교류하는 것을 듣기만 했던 것이 기억난다. 비즈니스 분야에서 '정보'는 바로 찬스다. 가장 중요한 정보를 쥔 사람이 비즈니스 찬스의 새로운 흐름과 추세를 파악할 수 있다. 그러나 일개 변호사인 나의 전문 분야는 법률문제를 해결하는 것뿐, 비즈니스 분야의 정보 교류와는 특별한 관련성이 없었다. 그래서 나는 선배들의 대화에 전혀 끼어들지 못했다. 심지어 그분들이 이야기하는 '업계 용어'도 무슨 뜻인지 못 알아들었다. 나는 선배들의 '대화'에 끼어들려면 법률적 지식만으로는 안 되겠다는 생각이 들었다.

그때부터 나는 '비즈니스 위크', '진저우칸(今周刊)', '위안 (遠見) 잡지', '톈샤(天下) 잡지', '머니 위클리' 등 십여 권의 비즈니스 간행물을 대량으로 구독하기 시작했다. 그리고 매일 반드시 '경제일보(經濟日報)', '공상시보(工商時報)' 등 주류 신문을 구독했다. 그 밖에도 내가 가입한 국제 로터리 클럽에는 건축업을 하는 경영자가 많았는데, 나는 부동산 전문 분야를 겨냥해 책을 여러 권 사들여서 열심히 연구했다. 비즈니스, 부동산 분야는 내가 원래 공부했던 법률 분야와 차이가 컸기 때문에 그야말로 높은 벽에 가로막힌 것 같았다. 막 연구하기 시작했을 때는 책을 읽다 보면 목덜미를 잡고 쓰러질 지경인 경우가 많았다.

그러나 나는 방향이 옳다는 사실을 알고 있었기 때문에 아무리 힘들어도 포기하지 않았다. 나는 매일 최신 비즈니스 뉴스와 정보를 노트로 정리했고, 이해하지 못하는 단어는 '구글'의 힘을 빌렸다. 처음에는 정보의 내용을 30%도 이해하지 못했지만, 열심히 분투한 끝에 어느 정도 시간이 흐르고 나니 80% 이상을 이해할 수 있게 되었다.

나는 서서히 선배들의 대화 내용을 알아들을 수 있었고 이따금 몇 마디 끼어들기도 했다. 나중에 나는 심지어 분야별로 각각 '유용한' 비즈니스 뉴스와 정보를 정리하여 여러 경영자에게 알려 주었다. 이에 따라 선배들은 점차 나라는 존재를 발견하게 되었다.

또한 경영자들이 내게 법률적인 문제의 자문을 구할 때, 나는 항상 전력을 다해 협조했고, 거의 의무적으로 도왔다. 상담 비용을 받지 않았을 뿐만 아니라 항상 어떻게 하면 법적 소송을 거치지 않고도 현재의 분쟁을 해결할 수 있는지 가르쳐 주었다. 이러한 사고방식은 변호사업계에서 매우 희귀할 수밖에 없는데 그 이유는 이러한 도움이 변호사 본업의 수익을 전혀 내주지 않기 때문이다. 그러나 나는 이익이 전혀 없다고는 생각하지 않았다. 이치는 간단했다. 내가 도움을 준 사람들이 내게 경제 분야를 가르쳐 주면서 학비를 따로 받지 않았기 때문이다.

사람은 너무 계산적이면 안 된다. 성공한 사업가들은 사회에서 오랜 시간 굴러 본 사람들이다. 당신이 아무리 계산을 잘한다고 해도 성공한 사업가들은 당신보다 훨씬 더 계산을 잘한다.

내 인생에서 가장 중요한 귀인 중 한 사람, 부동산업계에서 제일 아름다운 여왕님이라 불리는 허리링(何麗玲) 씨는 나에게 한 가지 중요한 도리를 가르쳐 주었다.

'보잘것없는 선물로 좋은 인연을 두루 맺고 인내심 있게 기다려라.'

전문적인 법률은 실무를 제외하고도 다른 사람의 분쟁을 해결하거나 '좋은 인연'을 맺는 데 사용할 수 있다. **사회에 갓 진출한 젊은이에게 가장 부족한 것이 무엇인지 아는가? 돈도 아니고, 자동차도 아니고, 온몸을 휘두른 명품도 아니다. 바로 '좋은 인연'이다. 좋은 인연의 힘은 무한대라서 당신의 삶을 뒤바꿔 줄 중요한 귀인을 만나게 한다.**

나는 국제 로터리 클럽의 선배들이 중국에 꽤 투자하고 있다는 사실을 발견했다. 나는 묵묵히 중국 법률, 특히 중국의 회사법, 경외(境外) 회사 경영 실무, 세법, 노동법 등을 연구하기 시작했다. 심지어 중국의 시나(Sina, 新浪) 웹에서 중국의 최신 재정 관련 뉴스까지 연구했다. 선배들이 중국 투자 경영 문제에 대한 '이야기'를 나눌 때, 나는 대화에 끼어들 수 있었을 뿐만 아니라 문제에 대한 초보적인 해결 방법을 제시할 수 있었다.

그 밖에도 나는 2006년에 홍콩 변호사 공회가 주최하고 베이

징, 상하이, 선전, 광저우, 마카오, 홍콩, 대만 각지의 변호사가 출전한 홍콩 100년 변호사 배 배드민턴 대회에 참가한 적이 있었다. 배드민턴 대회에서 나는 남자 단식, 남자 복식 두 종목에서 금메달을 땄다. 덕분에 중국 각지의 변호사들과 인연을 맺게 되어 지금까지 연락을 유지하고 배드민턴에 관한 이야기를 나눈다. 중국 변호사들과의 관계망 덕분에 나는 국제 로터리 클럽 선배들이 중국 법률문제를 해결하는 데 지대한 도움을 줄 수 있었다.

나 같은 사람이 필요했던 선배들은 크게 기뻐했다. 그러면서 연이어 나를 자신의 회사 고문으로 초빙하기로 했다. 그리고 내게 부디 시간을 내서 자신들과 함께 중국에서 열리는 회의에 참여해 달라고 간청했다. 숙식비 일체는 회사 측이 전부 부담하는 것이었다. 나의 노력이 대가를 얻고 중국에 가서 더 큰 국면을 파악할 기회를 얻었다는 사실에 나는 기분이 아주 상쾌했다.

나는 중국인 최고의 부호 리자청이 과거에 했던 단독 인터뷰를 기억한다. 기자들이 요즘 젊은이들에게 가장 중요한 충고를 해 달라고 물었을 때 리자청이 무엇이라고 대답했는지 아는가?

리자청 선생은 대답했다.

'젊은이들은 체면이 서는 사람이 되는 법을 배워야 합니다.'

처음에 나는 그 말을 완전히 이해하지 못했다. '체면'이 서는 사람이란 어떤 사람일까? 현빈처럼 잘생긴 외모를 말하는 것인가? 아니면 비싼 차를 몰고 명품을 입는 것? 나중에 나는 리자청 선생의 수많은 발자취와 인터뷰를 연구하면서 심사숙고한 후에야 그 말뜻을 이해할 수 있었다.

리자청 선생이 말한 체면이란 젊은이들이 옷차림, 언행, 자신이 임하는 장소에서 항상 '본분을 지킬 줄 알아야 한다.'는 것이었다. 내면적으로 끊임없이 정진해서 자기가 내뱉은 말에는 '깊이'와 '수준'이 있어야 하며, 신용과 품행 면에서는 시련을 견뎌내어 '믿음직하고', '믿을 수 있는' 사람이 되어야 한다는 것이다. 문제를 인식하고 해결하는 과정에서는 '전체적인 국면을 종합해서 볼 수 있는' 안목이 있어야 하고, '실천'하는 태도를 지녀야 한다. 상술한 특징을 전부 갖추었을 때 당신은 모두가 '존중하는' 사람이 될 것이고, 이것이 바로 '체면이 서는' 사람이다.

리자청 선생은 평생 본인의 노력을 통해 자기가 한 말에 담긴 깊이 있는 함의를 완벽하게 해석했다.

앞서 나는 성공한 경영자의 곁을 '바짝 따라야 한다.'라고 이야기했다. 이를 통해 '상상력'을 변화시키면 우리의 가난한 두뇌는 부자의 두뇌로 변한다. 우리는 '부자의 사고방식'을 이용해 부를 늘리고, 인생을 변화시킬 수 있다.

사회에서 아무 가치도 없는 사람에게 시간을 쓰기를 원하는 사람은 아무도 없다. 성공한 경영자의 곁을 바짝 따르고 싶다면, 그들에게서 비결을 배우고 싶다면 우선 자기 자신에게 충실하고 자신만의 '독특한' 가치를 창조해야 한다. 그리고 말과 행동에서 '나갈 때는 나가고 물러나야 할 때는 물러나는' 도리를 열심히 배워야 한다.

체면이 서는 젊은이를 보고 어떤 경영자가 마음이 동하지 않을 수 있을까? 자연스레 당신에게 시선을 던질 것이고, 당신이 본인을 '바짝 따르며' 보고 배울 기회를 줄 것이다. 또한 시련과 단련을 통해 성장할 기회를 주고, 이를 겪고 나면 당신을 '높은 자리'에 앉혀 중임을 담당할 기회를 줄 것이다.

이 모든 것은 당신이 자기 자신을 변화시키기를 원하고, '체면이 서는' 사람이 되는 것을 목표로 할 때 비로소 시작된다.

당신의 묘비에
어떤 말을 쓰고 싶은가

훌륭한 소송 변호사가 되는 것은 어렸을 때부터 나의 꿈이었다.

어렸을 때 나는 변호사라는 직업을 가지면 내가 사랑하는 사람들을 보호할 수 있으리라 생각했다. '듣자 하니' 변호사는 돈도 많이 번다니까 우리 집안의 경제적 상황을 개선해 부모님이 편안하게 사실 수 있게 만들고 싶었다. 게다가 많은 사람이 내게 너는 말솜씨가 좋고 논리 추론이 분명하니까 변호사가 잘 맞는다고 했다. 그래서 어렸을 때부터 나는 대만대학 법학과에 진학할 뜻을 품었고, 최고의 소송 변호사가 되는 것을 인생의 목표로 삼았다.

다년간의 노력을 거쳐 나는 드디어 고대하던 대만대학 법학과에 들어갔다. 그리고 대학을 졸업하던 해에 바로 변호사 자격시험에 합격했다. 게다가 내 명의의 법률 사무소를 창립했고, 머지않은 장래에 대만에서 유명한 대형 법률 사무소가 되기를 바라고 있었다. 나는 항상 전력투구하며 나의 인생에 정해진 속도와 한계를 뛰어넘었고, 모든 것이 정확하게 내가 계획한 길을 가고 있는 것처럼 보였다.

그러나 아버지가 56세, 어머니가 60세에 병으로 내 곁을 떠나게 되면서 나는 매우 큰 충격을 받았다. 나는 혹시 나의 인생도 부모님처럼 짧다면 내가 진정으로 원하는 것은 어떤 형태의 인생인지 생각했다. 만약 내일 나의 인생이 끝난다면 내가 가장 자랑스럽게 생각하게 될 인생의 성취는 무엇일까? 나의 묘비에는 내 인생을 형용한 어떤 말이 새겨지게 될까?

죽음을 앞에 두고 모든 사물의 본질은 확연하게 드러난다. 당신은 내면 깊은 곳에서 가장 원하는 것이 무엇인지 바로 발견할 수 있을 것이다.

한참 동안 생각한 후 나는 스스로 꽤 무섭게 느껴지는 답을 발견했다.

나는 '변호사'라는 직업을 좋아하지 않는다는 것이었다.

'쉬펑위안, 너 정신 나갔어?. 변호사가 되는 건 어렸을 때부터 꿈이었잖아. 얼마나 많은 밤을 지새우며 공부했고 또 얼마나 많은 것을 희생했는데. 다 대만대학 법학과에 들어가서 최고의 소송 변호사가 되기 위해서였잖아. 그런데 인제 와서 변호사가 되고 싶지 않다니, 너 미쳤냐?'

그렇다. 나는 우수한 법조인이고, 사무소도 안정적으로 경영하고 있었다. 변호사라는 직업 덕분에 경제 상황도 완전히 개선되었고……. 변호사는 내가 제일 좋아하는 직업이고, 덕분에 물질적으로 여유롭게 생활할 수 있었다. 그래, 변호사가 되고 싶지 않다는 건 분명 쓸데없는 생각일 것이다. 분명…….

한번은 우구취(五股區) 룽미루(龍米路)에서 일어난 살인 사건을 맡은 적이 있었다. 당시 나는 구치소에 가서 피고인을 면담하면서 피고인이 철저한 악인이라는 사실을 발견했다. 비록 대학교 때 교수님은 누구든 변호사를 위임할 권리가 있다고 말씀하셨지만, 피고가 거금을 내놓는다고 해도 나는 나 자신을 설득할 수 없었다. 집에서, 관공 앞에서 기도를 드리다가 나는 위임을 취소하기로 결심했다. 비록 돈은 좀 덜 벌어도 한밤중에 피해자가 찾아와서 '나랑 얘기 좀 합시다.' 하는 공포에서 벗어날 수 있지 않은가…….

이 사건은 내게 법률 소송의 본질에 대한 깨달음을 주었다……. 법은 정말 착한 사람을 보호하는가? 우리가 배운 법률적 지식이 정말 사람을 돕는 데 쓰이는가? 좋은 사람이든 나쁜 사람이든 돈만 있으면 최고의 변호사를 선임할 수 있지 않은가? 법은 정말로 '정의'일까?

나는 다시 한번 그 무서운 생각이 떠올랐다……. 나는 정말 변호사라는 직업을 좋아하는 것일까?

어느 날, 인연이 닿아 알게 된 출판사 사람이 나의 어렸을 적 이야기를 한 권의 책으로 엮고 싶다는 구상을 이야기했다. 나는 독서를 정말 좋아하는 사람이라 글을 통해 자기 생각을 전달하는 사람을 가장 존경한다. 그러나 나는 한 번도 내가 작가가 될 거라는 생각은 해 본 적이 없었다. 게다가 나는 어렸을 때부터 작문 성적이 제일 나빴다…….

출판사의 격려를 받으며 나는 한번 글을 써 보기로 했다. 여가를 이용해 어렸을 때의 이야기를 조금씩 써 내려가기 시작했다. 1년여 동안 글을 쓰고 드디어 탈고를 끝냈고, 나의 데뷔작 '젊은이들이여, 안전한 게임만 하지 마라'가 탄생했다.

나는 출판사가 나의 첫 작품을 보내 준 그날 오후를 절대 잊지 못할 것이다. 책을 받은 후의 감동과 흥분, 놀라운 감정, 비록 이 책이 베스트셀러가 될 수 있을지 없을지는 알 수 없어도 나는 이 책을 완성한 것이 최근 들어 가장 자랑스러움을 느낀 성취라고 확언할 수 있었다. 몇백 건의 소송에서 승소한 것보다 훨씬 기뻤다.

나는 또다시 그 무서운 생각이 들기 시작했다……. 나는 정말 변호사라는 직업을 좋아하는 것일까?

하늘의 도움 덕택인지 나의 첫 번째 저서는 판매량이 썩 괜찮은 편이었고 수많은 중요 순위에 올랐다. 책이 잘 팔리면서 나는 수많은 학교에서 강연 제의를 받았고, 나의 이야기와 사고방식을 많은 학생과 나누게 되었다. 학교에서의 강연이라 약간의 교통비밖에 나오지 않아서 내가 들인 시간에 비하면 타산이 맞지 않았지만 비서가 일정을 잡을 때마다 매번 '나도 모르게' 승낙해 버렸다…….

어느 날, 나는 '위안젠' 잡지의 요정을 받아 '젊은 사람들은 어떻게 살아가야 하는가?'라는 제목의 좌담회에 참여한 적이 있다. 현장에 도착해 좌담회의 주빈석에서 '작가/쉬펑위안'이라고 적힌 명패를 보았을 때, 나는 한참이나 넋을 놓고 있었다. 그 이유는 지금껏 항상 습관적으로 모두 나를 '쉬 변호사'라고 불렀지 '작가'라는 칭호를 들은 적은 처음이었기 때문이다. 게다가 작가는 내가 어렸을 때부터 동경하던 '직업'이었다. 돌연 마음속에서 억누르기 힘든 감동이 솟구쳤다. 사회자가 나를 '작가'라고 소개할 때, 마치 전기가 온몸을 통과하는 것 같은 짜릿함이 느껴졌다…….

나는 내가 가장 사랑하는 직업을 찾았다는 생각이 들었다…….

'당신이 하는 일을 사랑해야만 위대한 일을 이룰 수 있다. 만약 자신이 사랑하는 일을 찾지 못했다면 멈추지 말고 계속해서 찾아라. 진심을 다해서 찾아내면 그때는 알게 될 것이다.'

—스티브 잡스

몇 년 전 내가 갓 변호사가 되었을 때 고등학교 학원업계의 대가를 만났는데, 그분은 나의 귀인이나 마찬가지다. 내게 자신의 학원에서 보조 교사를 맡아달라고 부탁하셨는데 업무 내용은 낮에 변호사 일을 끝내고 퇴근하면 학원에 가서 '학생들과 함께 대화하는 것'이었다. 학생들을 위해서 입시 준비와 인생에서 느끼는 의문을 답해 주고 긍정적인 방향으로 나아갈 수 있도록 학생들을 격려하는 것이었다. 이렇게 간단한 업무인데 그분은 내게 연봉 백만 달러가 넘는 돈을 지급해 주셨다.

나는 당시 고용 변호사의 월수입이 대략 5만 달러가 넘었던 것으로 기억한다. 그러니 '겸직'은 당시 하루라도 빨리 집안의 경제 사정을 해결하고 싶었던 나에게는 매우 매력적인 일이었다. 그래서 나는 하겠다고 대답했다.

한동안의 시간이 흐른 후, 나는 갈수록 많은 학생이 나와 이야기를 나누는 것을 좋아한다는 사실을 발견했다. 학생들이 나에게 상담하는 문제는 학업 문제, 대학교 학과 선택 문제, 감정 문제 등 각양각색이었다. 심지어 나중에는 아이들이 학교 친구를 데려와 내게 상담하기 시작했다. 나는 때로 학원의 상담 책상이 마치 커다란 불당의 '상담 테이블' 같다고 생각했다. 물론 나는 의문을 풀어 주는 '사부'인 셈이었고…… 나중에는 학생들이 하도 많이 몰려와서 일대일로 대응하기가 어려워져 아예 시간을 짜서 모두를 한데 모아놓고 특정한 주제를 해결해 주기도 했다.

나중에는 기묘한 일이 발생했다. 나와의 상담 시간이 좋아서 갈수록 많은 학생이 학원의 다음 분기 과정에 등록한다는 것이었다. 게다가 그 학생들이 원래는 학원에 다니지 않던 친구들을 다 데려왔기 때문에 학원에 수익을 가져다주었다. 이는 학원이 내게 지급하는 보수보다 훨씬 높았다.

이때, 나는 이렸을 때부터 지금까지 겪어 온 이야기에 나의 사고방식, 표현 능력이 종합적으로 더해진 '긍정적인 영향을 끼치는' 재능을 가졌다는 사실을 서서히 발견하게 되었다. 나 자신에게서 강렬한 긍정적 영향력을 발견했고, 이를 나와 접촉하는 모든 사람에게 전염시킬 수 있었다.

다른 사람을 격려하는 일, 다른 사람의 걱정을 없애 주는 일, 다른 사람의 얼굴에 미소를 떠오르게 하는 일은 정말 가치 있고 귀하며 선하게 사용할 수 있는 재능이다. 이는 변호사라는 직업보다 사회에 훨씬 더 큰 긍정적인 영향력을 미칠 수 있다.

나는 사람의 성공에는 3단계가 있다고 생각한다. 첫째는 많은 돈을 버는 것이다. 그러나 만약 당신이 돈만 벌었다면 당신이 세상을 떠나는 날, 아무도 별다른 감정을 느끼지 않을 것이다. 그저 '아, 그 돈 많은 사람이 죽었구나.'라고 생각할 뿐이다.

둘째는 대형 기업을 창립해서 수많은 사람의 생계를 보살피는 것이다. 어느 날 당신이 세상을 떠날 때, 수많은 직원은 당신에게 감사할 테지만 이는 10~20년도 못 간다.

셋째는 나로서도 가장 도달하기 힘들다고 생각하는 단계인데 바로 사는 동안 무수한 사람에게 영향력을 끼치는 것이다. 어느 날 당신이 이 세상에서 사라졌을 때, 당신의 사고는 계속해서 끊임없이 사람들에게 영향을 끼친다. 사람들을 돕고, 무수한 운명을 변화시키고, 당신의 이름은 영원히 기억되며 역사에 남는다.

내게 평생 최대의 성취는 돈을 많이 버는 것도, 큰 회사를 창업하는 것도 아니다. 평생의 분투를 거쳐 다른 사람에게 존중받을 만한 인격을 수립하고, 나만의 생각으로 긍정적인 영향을 주고 무수한 사람을 변화시키는 것이다.

나는 아주 진지하게 생각해 보았다. 만약 삶이 짧다면 나는 어떤 식으로 나의 삶이 역사에 기록되기를 원할까? 잠 못 이루던 수많은 밤에 끊임없이 나 자신과 대화해 본 후 나는 진정으로 하고 싶은 일을 찾았고, 나에게 어떤 재능이 있는지 알게 되었다. 그것은 바로 '작가'가 되는 것이었다. 생각을 통해 수많은 사람에게 긍정적인 영향을 끼치는 것이 의미 있는 인생이며 내가 정의한 성공이다. 이것은 나의 '천명'이었다.

"내가 채용한 '엘리먼트(이 책에서는 천명과 같은 의미로 쓰인다. -역주)'라는 개념은 좋아하는 일에 대한 '열정'과 잘하는 일에 대한 '재능'이 서로 결합된 경지를 가리키는 말이다. 나는 모든 사람이 반드시 자신만의 엘리먼트를 찾을 수 있을 거라 깊게 믿는다. 이는 우리에게 성취감을 얻게 할 뿐만 아니라 인류 사회와 조직이 끊임없는 진화하는 세계에서 영원히 발전하기 위해서다."

– '켄 로빈슨 엘리먼트' 중에서

나는 인생의 중대한 결정을 내렸다. 이는 우리 법률 사무소에서는 더 이상 소송 안건을 받지 않고 기업가의 개인 고문만 담당하겠다는 것이었다. 그렇게 결정한 이유는 내가 하고 싶은 일, 내가 잘할 수 있는 일에 전심으로 집중하기 위해서였는데, 그것은 바로 글쓰기와 강연이었다.

한 사람의 일생을 바꾸는 것은 종종 한순간의 결단이다.

나의 결정에 사무소 동료들은 깜짝 놀랐고, 같은 업계 사람들도 이해하지 못했다. 분명 사무소는 돈이 잘 벌리는데 왜 그토록 풍족한 수입을 포기하고 '안전하지 않은' 길을 가려고 하는 것인가……

내가 글쓰기와 강연에 집중하기 시작한 후 생활 속에서 느낀 가장 큰 변화는 수입이 1년 만에 몇백만 달러가 확 줄어들었다는 점이다. 비록 압박감을 크게 느꼈고 과정이 괴롭기는 했지만 나는 기이한 흥분을 느꼈다. 그 이유는 내가 나 자신을 증명하고 있다는 사실을 알았기 때문이다. 나는 나의 행동으로 나만의 역사를 창조하고 틀에서 벗어나 하늘이 주신 자유를 누리고 있었다. 누가 나를 그저 변호사라고만 규정했는가.

더 이상 안건을 받지 않고 소송 분쟁을 멀리하자 매일 머릿속이 아주 분명해졌다. 더욱 중요한 점은 더 이상 불면에 시달리지 않고 안심하고 잠들 수 있었다는 것이다. 기업가의 개인 고문을 맡아 비즈니스 경쟁에 참여하며 직접 겪은 진실한 이야기를 써 내려가면서 이야기에 담긴 '사고의 깨우침'을 더 많은 사람과 공유하기 시작했다.

글을 쓸 때 나는 마치 아무런 고민도 없는 세계에 홀로 들어간 것 같다. 그리고 생명력과 사고가 있는 문장에 내 생각을 기록한다. 설령 어느 날 내가 사라진다고 하더라도 그것은 여전히 나를 대신해 이 세상에 영향을 끼칠 것이다. 이를 생각만 해도 나는 한참이나 기분이 좋았다.

몇 년간의 노력 끝에 나는 전국 각지에 강연으로 발자취를 남기기 시작했다. 심지어 중국에서도 강연을 했다. 나의 작품과 강연은 점차 사람들의 사랑을 받기 시작했고, 끊임없이 좋은 인연을 널리 맺었다. 정말 기묘한 사실은 나를 발탁해 줄 수많은 귀인을 만나게 되어 부동산 투자를 배우고 참여할 기회가 생겼다는 점이다. 나는 원래 변호사로 일할 때보다 훨씬 큰 보수를 받을 수 있었고, 경제적인 자유를 얻었다.

사회에 유익한 일을 하면 반드시 돈을 벌 수 있다. 정말 그렇다.

현재 나는 매일 내가 하고 싶은 일에 집중한다. 그것은 글쓰기와 강연이다. 더 이상 돈 때문에 걱정하지 않고, 수많은 기업가와 세계 각지에서 투자에 참여한다. 더 중요한 점은 가족들과 함께할 시간이 더 많아졌고, 내가 가장 사랑하는 두 딸의 성장에 함께할 수 있다는 사실이다.

가장 성취감을 느끼는 순간은 나의 책이나 강연을 보고 무수한 독자에게 긍정적인 영향을 주었을 때, 그들의 운명에 긍정적인 변화가 발생했을 때다. 이는 돈을 버는 것보다 나를 수십 배는 더 흥분시킨다.

당시의 결정을 돌이켜보면 비록 많은 사람의 의문을 받았지만 나는 내가 진정으로 원하는 일을 하고 내가 잘 해낼 수 있는 일을 해야만 미래의 경쟁에서 동요를 이겨낼 수 있다는 사실을 알았다. 성공하든 실패하든 적어도 내 인생에 떳떳하고, 나의 '천명'에도 떳떳하지 않은가.

　　나는 내 묘비에 적을 내용을 찾은 것 같다.

　　'평생에 걸친 쉬펑위안의 분투와 사고방식은 무수한 사람에게 긍정적인 영향을 주었고, 그들의 운명을 변화시켰다.'

인생은 결함이 있기 때문에 완벽하다

최근 한 뉴스를 보았는데, 만 스무 살이 된 여성이 감정적인 문제로 건물에서 뛰어내려 자살을 선택했다는 내용이었다. 이와 같은 사회적인 뉴스는 전혀 드물지 않지만 나는 그녀가 어버이날에 투신자살을 선택했다는 사실에 경악했다. 너무 잔인하지 않은가. 그녀의 어머니는 매년 어버이날마다 내면의 고통을 참아내야 한다.

그로부터 2개월 뒤, 또 비슷한 뉴스가 나왔다. 마찬가지로 스무 살짜리 여성이 뜻대로 풀리지 않는 연애 때문에 투신자살을 선택한 것이다. 그녀가 투신자살을 선택한 날짜를 보고 나는 이해할 수가 없었다. 하필이면 자기 어머니의 생일에 투신했다. 이 일로 어머니가 얼마나 큰 상처를 입었을지, 글로는 도저히 형용할 수가 없다……

　　나는 두 여성의 행위를 평가하고 싶지 않다. 괜히 이야기만 더 꺼낼수록 두 사람의 어머니만 깊은 상처를 받을 뿐이니까. 다만 두 여성의 이야기를 듣고 나는 예전에 재단법인 희귀병 기금회의 요청을 받아 '보기 드문 희귀병과 함께 한 100년' 축하 음악회에 참석했던 광경이 떠올랐다.

　　음악회는 수많은 희귀병 환자로 구성된 음악 단체가 주최한 것으로 '희귀병 천뢰(天籟) 합창단'과 '희귀병 환자 아버지 합창단'이라는 이름이었다. 음악회에서 나는 감동적인 곡을 수없이 들었다. 이에 나는 음악이 사람의 마음을 위로한다는 사실을 굳게 믿게 되었다. 또한 환자들과 그 가족들은 합창단에 참가하는 과정에서 삶의 의미와 가족 간의 깊고 두터운 정을 찾을 수 있었다.

　　저녁 내내 들은 여러 노래 중에서 가장 인상이 깊었던 노래는 '사랑을 믿으면 기적이 일어나요'라는 곡이었다.

　　　어두운 밤은 곧 지나갈 거예요, 미래는 더 이상 주저하지 않아요.
　　　내 손을 잡아요, 당신은 나에게 용기를 줘요.
　　　서광이 점차 밝아오고, 앞길을 밝게 비춰요.
　　　나는 하늘을 높이 날고, 당신은 내게 믿음을 줘요.
　　　믿기만 하면 기적이 일어날 거예요.

믿음의 날개를 펼치고 꿈을 향해 날아가요.

사랑을 믿으면 기적이 일어나요.

쉽게 포기하지 말고 눈을 떠봐요.

함께 손을 잡으면 더 이상 외롭지 않아요.

사랑을 믿으면 기적이 일어나요.

비록 역풍이 불어도 당신은 내게 용기를 주죠.

우리 함께 아름다운 곳으로 날아가요.

노래의 가사와 선율이 특히 내 마음을 울렸다. 환자들은 사실 힘들게 노래를 불렀다. 어쩌면 음정이나 음색이 진짜 가수에 못 미칠지는 몰라도 그들은 무대 위에서 큰 소리로 힘껏 노래했다. 환자들의 부모도 함께 큰 소리로 합창하면서 그들에게 용기를 북돋웠다. 모두 손을 꼭 붙잡고 노래하는 장면이 정말 감동적이었다……

아이를 향한 부모의 사랑은 정말 위대하다. 아이가 병에 걸렸어도, 무슨 일이 생겨도 아이를 향한 부모의 사랑은 줄어들거나 변하지 않는다. 비록 병을 마주하고, 받아들이고, 적응하는 과정에서 운명을 원망하고 심지어 증오하기도 하지만 결국 그 어느 것과도 비할 수 없는 위대한 사랑 때문에 부모는 여전히 이를 악물고 아이를 정성스럽게 돌본다. 그 얼마나 성숙한 인격이란 말인가. 나는 전에 '책임을 받아들이는 정도는 성숙도를 드러낸다.'라고 말한 적이 있다.

한 환자의 아버지가 했던 말이 기억난다.

"하느님은 인간들을 내려다보시다가 가장 사랑할 줄 아는 부모에게 희귀병에 걸린 천사들을 보내주셨어요. 이를 통해 위대한 사랑을 증명하고, 사람들이 소중함과 사랑을 배워 세상에 더 많은 사랑이 가득 차도록 말이에요."

예전에 막 희귀병 환자들을 알게 되었을 때, 나는 금전적인 기부에만 참여했다. 그러면서 마음속으로 희귀병 환자들에게 약간의 '동정'을 느꼈고, 그들이 '너무 불쌍'하다고 생각했다. 그래서 내 능력이 닿는 범위 내에서 희귀병 환자들에게 '자선'을 베풀면서 그나마 좋은 일을 하는 셈이라고 여겼다. 나중에 서서히 희귀병 기금회와 관련된 활동에 참가해 환자들과 더 빈번하게 접촉하기 시작하면서 나는 더욱 깊은 인생의 깨달음을 얻었다.

환자들에게서 나는 한 차례 또 한 차례 인생과 분투하는 위대한 이야기를 보았다. 솔직히 말하자면 희귀병 환자들은 이미 병으로 인한 고통을 받으므로 그저 숨을 쉬고 살아 있는 것만으로도 존경할 만한 삶의 전사인 셈이다. 그런 환자들이 자신의 인생을 더 잘 살아내기 위해 노력하고 있지 않은가.

나는 종종 나 자신에게 묻는다. 만약 희귀병 환자들 같은 경우가 내게 발생한다면 나는 여전히 내가 목표로 한 성취를 이룰 수 있었을까? 솔직히 대답하자면 절대 그러지 못했을 것이다.

나는 마음 깊은 곳에서부터 희귀병 환자들을 존경하고, 삶의 스승으로 여긴다. 그들에게서 나는 '겸손'을 배웠고 나의 성취에 대한 '교만'을 떨쳐낼 수 있었으며 무엇이 진정한 '선행'인지 깨닫게 되었다.

희귀병 환자들은 내가 도와줘야 할 대상이 아니라 오히려 내가 도움을 받는 대상이다. 우리는 기부자와 수혜자의 관계가 아니라 '친구'다.

> '거지에게 적선할 때는 무릎을 꿇고 돈을 살며시 놓아 주어라. 그것은 적선이 아니라 나눔이기 때문이다.'
>
> —유용(劉墉), '진정한 선행에는 교만이 없다.'
> 즈산(至善) 기금회 창시자 산산(善山) 선생

그날 저녁의 음악회에는 멍단(夢丹)이라는 이름의 환자가 있었다. 매우 귀여운 여자아이인 멍단은 '선천성 수포증', 즉 '수포성 표피 박리증'을 앓고 있었다. 이는 매우 희귀한 유전성 질환으로 태어날 때부터 피부가 유달리 약해서 조금만 마찰이 생겨도 벗겨지거나 수포 혹은 혈포가 부어오른다. 가장 심각한 켈로이드형은 피부뿐만 아니라 구강, 혀, 식도 등 점막에도 수포가 생긴다. 환자는 매일 끊임없이 약과 붕대를 갈지만 계속해서 새로운 상처가 생거난다. 현재로서는 근본적인 치료 방법이 존재하지 않기 때문에 병으로 인한 고통은 거의 평생을 간다고 보아야 한다.

멍단은 결코 병으로 인해 자기 자신과 인생을 포기하지 않았다. 그 아이는 매일 고통을 참으며 열심히 공부했다. 비록 다른 일반적인 학생들보다 수 배, 수십 배의 시간과 심혈을 들이기는 했지만 지금은 우수한 컴퓨터 엔지니어가 되었다.

멍단이 모두와 마음의 여정을 공유하던 중 나온 한마디 말에 나는 깊이 감동했다.

멍단은 말했다.

"저의 인생은 결함이 있기 때문에 완벽해요. 하지만 다른 사람들은 인생이 너무 완벽하기 때문에 결함이 존재하지요."

아직 스물몇 살밖에 되지 않은 젊은 사람의 입에서 이 말이 나왔을 때, 나는 깜짝 놀라지 않을 수 없었다. 멍단의 말에는 매우 깊이 있는 인생의 도리가 담겨 있었다. 멍단은 비록 병 때문에 남다른 고통을 받을 수밖에 없었지만 신께서는 멍단을 통해 일반적인 사람들에게 인생의 진리를 깨우치게 하셨다.

인생이 너무 편안하고 완벽하기 때문에 조금이라도 기분이 나빠지거나 마음대로 되지 않는 사람이나 일을 만나면 인생이 너무 고통스럽고, 아무런 의미도 없다고 생각하고 심지어는 자살까지 하는 사람이 많다. 그러나 멍단은 어려서부터 병으로 인한 고통을 감내했다. 일상생활의 모든 것이 단순히 불편한 정도가 아니라 매우 고생스러운 과정이었다. 멍단의 하루하루, 모든 시간과 분, 초는 단련이었다.

합창단에 참가하는 것이 멍단에게는 힘든 일이었지만 열심히 노래를 불렀고, 그로 인해 만족과 기쁨을 얻었다. 그것만으로도 이미 멍난은 삶의 아름나움을 무한대로 느끼고 신체적인 고통과 결함을 모두 잊을 수 있었다. 그 순간, 멍단은 불교에서 말하는 '반열'의 경지에 오른 것이다.

불완전함을 받아들일 때, 당신의 마음은 완벽에 더 가까워진다.

내 눈에 멍단은 전혀 환자가 아니었다. 멍단의 마음은 그토록 굳세고 강인했다.

감사할 줄 알 때, 당신은 행복을 느끼고 베푸는 법을 이해할 수 있다. 또한 다른 사람을 보살필 줄 알게 되면 당신은 더 큰 세상을 알 수 있다. 그리고 자기 자신을 더 깊이 있게 인식할 수 있게 되고, 평온하고 즐거운 지혜를 깨닫는 법을 배운다. 이로써 강인한 마음을 소유하고 인생에서 피할 수 없는 고난과 결함, 불완전함을 받아들이게 된다.

완벽하지 않은 사람이
평범하지 않은 일을 해낸다

옌핑(彦萍)은 초등학교 4학년 때 친구다. 키가 작고, 가늘고 살짝 올라간 귀여운 눈을 가진 친구였다. 아버지는 환경미화원이시고, 어머니는 식당에서 설거지 아르바이트를 하셔서 집안 형편이 좋지 못한 친구였다.

옌핑의 부모님은 남아선호사상이 극도로 강하신 분들이었다. 옌핑에게는 남동생 두 명이 있었는데, 남동생들은 공부에만 집중하면 되었고 집안일은 전부 옌핑이 떠맡았다.

매일 학교가 끝나고 집에 돌아가서 옌핑이 가장 먼저 해야 할 일은 모든 식구의 저녁밥을 준비하는 것이었다. 저녁을 먹고 나면 설거지를 하고 집 안을 청소해야 했다. 만약 조금이라도 제대로 못한 부분이 있으면 부모님은 옌핑을 심하게 매질했다. 그래서 옌핑의 몸에서는 종종 검고 푸르스름한 자국을 볼 수 있었다.

옌핑은 평소에 학교에서 아주 착한 학생이었지만 말이 별로 없고 내성적이었다. 나는 옌핑의 가장 친한 친구였기 때문에 집안 사정은 나에게만 이야기했다. 처음에 옌핑의 이야기를 들었을 때 나는 믿을 수가 없었다. 아무리 부모님이 남자아이만 좋아한다지만 자기 딸을 그렇게 대할 수가 있을까. 어느 날 같이 놀다가 무의식중에 옌핑과 내 손이 닿았는데 마치 미장이인 우리 삼촌의 손처럼 거칠었다. 그제야 나는 옌핑의 말을 믿을 수 있었다…….

한번은 중간고사가 끝난 후 학교에서 성적을 발표한 적이 있었다. 나는 언제나처럼 반에서 1등이었다. 성적표에 '1'이라는 숫자를 보았을 때의 상쾌한 기분은 말로는 설명하기 어렵다.

그날 방과 후, 나는 몇몇 남자아이들과 운동장에서 피구를 했다. 대략 6시쯤, 나는 집에 돌아가지 않고 교실에 혼자 앉아있는 옌핑을 발견하고 교실로 들어갔다.

"옌핑, 왜 집에 안 가? 얼른 가서 밥해야 하잖아?"

"집에 못 가겠어."

옌핑이 약간 두려워하며 대답했다.

"왜 집에 못 가는데?"

"성적이 너무 나빠서. 아마 부모님한테 맞을 거야……."

당시 옌핑의 성적은 꼴찌에서 일곱 번째였다. 옌핑은 원래 성적이 안 좋았다. 그렇지만 그건 당연한 일이었다. 매일 저녁 집에 돌아가서 그렇게 많은 집안일을 해야 하는데 공부할 체력과 기력이 남아 있겠는가?

"성적이 나쁜 게 뭐 어때서? 이번에만 성적이 안 좋은 것도 아니고, 다음에는 더 노력하겠다고 부모님께 말씀드리면 되잖아."

"그렇지만 엄마가 이번에도 시험을 못 보면 죽도록 맞을 줄 알라고 하셨단 말이야."

옌핑이 약간 몸을 떨며 대답했다.

당시 나는 반에서 1등을 했기 때문에 기분이 좋았다. 얼른 집에 돌아가서 부모님께 상을 달라고 말할 작정이었기 때문에 옌핑의 말에 별다른 주의를 기울이지 않고 그저 집에 돌려보내려고 했다.

"제발 괜한 생각하지 말고 과장도 하지 마. 나도 매번 말썽을 부리거나 사고를 일으키면 우리 엄마가 죽도록 맞을 줄 알라고 그러시는걸."

옌핑은 내가 자기 이야기를 들어줄 기색이 없어 보이자 책가방을 메고 교실을 나섰다. 옌핑의 뒷모습이 점점 내 시야에서 사라졌다. 그제야 나는 옌핑이 '내일 보자.'라는 인사도 하지 않았다는 사실이 떠올랐다. 나에게 화가 난 것이 분명했다. 화낼 테면 내라지. 어차피 며칠 지나면 풀릴 테니까. 나는 별생각 없이 얼른 책가방을 챙겨서 밥을 먹으러 집으로 돌아갔다.

그날 저녁 8시 30분쯤 집 전화가 울렸다. 옌핑의 어머니가 다

급한 목소리로 혹시 옌핑이 어디 갔는지 아느냐고 물으셨다.

옌핑이 집에 돌아가지 않았다니…… 초등학교 4학년짜리 아이가 도대체 어디를 갔단 말인가?

게다가 해상에서 형성된 지 오래된 강력한 태풍이 한밤중이면 육지에 도달해서 태풍 경보가 발령될 예정인데…….

토요일은 정오부터 비바람이 강해지기 시작했다. 저녁이 되자 바깥의 비바람은 장난꾸러기인 나조차도 나가서 놀 수 없을 정도로 커졌다. 이때 옌핑의 어머니에게서 또 전화가 걸려 왔다.

"펑위안, 옌핑이 혹시 너한테 갔니? 어젯밤 내내 집에 돌아오지 않아서 애가 타 죽겠다."

옌핑 어머니의 말을 듣고 나는 불길한 예감이 들기 시작했다. 나는 옌핑이 다른 사람을 찾아갔을 거라고는 생각할 수 없었다. 옌핑은 친구가 거의 없었기 때문이다……. 나를 제외하고는…… 옌핑은 길거리 구석 어딘가에서 혼자 있을 게 분명했다…….

그렇지만 이렇게 비바람이 몰아치는 밤에 도대체 어디를 갔단 말인가?

옌핑의 부모님은 주위 이웃과 경찰에게 수색을 부탁했고, 비바람이 커지면서 모두가 더 조급해지기 시작했다. 그러나 옌핑의 소식은 없었다……

월요일 아침 학교에 갔을 때, 반의 분위기가 이상했다. 드물게도 학생 주임 선생님이 우리 반에 와있었다. 나는 마음이 덜컥

내려앉아 바로 교실로 뛰어 들어갔다.

역시나, 큰일이 터지고 말았다……. 옌핑의 책가방과 도시락이 충샤오차오(忠孝橋) 아래 단수이(淡水) 강가 농지에서 발견되었고, 옌핑은 진흙탕 속에서 시체로 발견되었다…….

그 소식을 들었을 때 나는 코가 시큰해졌다. 그리고 속으로 생각했다. 만약 내가 그때 옌핑 곁에서 이야기를 들어주었다면 이런 비극을 막을 수 있지 않았을까?

나중에 교실을 찾은 옌핑의 부모님은 계속 통곡하셨다. 그제야 옌핑이 자신들의 자식임을 깨달은 것 같았다. 그러나 모든 게 너무 늦었다…….

나중에 선생님의 설명을 들었는데 옌핑은 아마도 토요일 밤에 혼자서 충샤오차오 옆에 앉아서 뛰어내릴까 말까 주저하고 있다가 바람에 날아간 것 같다고 하셨다. 검시관이 농지의 진흙탕에서 옌핑의 시체를 발견했을 때 손가락과 발가락이 모두 구부러져 있었는데, 이는 물에 빠졌을 때 격렬하게 발버둥 친 흔적이라고 했다.

그 이야기를 듣고 나는 마음이 너무 아팠다. 당시 옌핑은 혼자서 잔뜩 긴장하고 무력했을 것이다. 집에 돌아가기에는 이미 늦었고, 만약 돌아가면 호되게 맞을 것이 분명하니 더더욱 집에 돌아갈 수 없었을 것이다. 비바람이 몰아치는 밤중에 심정은 더욱 복잡했을 테고, 결국 불행한 사고가 발생하고 말았다.

20년에 가까운 세월이 지난 지금도 나는 태풍이 부는 밤만 되면 무의식적으로 자책감을 느낀다…….

옌펑에게 불행한 일이 발생한 후, 나는 나 자신에게 말했다. 더 이상 안타까운 일이 발생하지 않도록 내게 능력이 있고 기회가 있을 때 다른 사람에게 영향을 주고 운명을 변화시킬 기회를 포착하겠다고.

그래서 지금의 나는 자주 수많은 학교에 강연을 나가 나의 이야기를 나눈다. 비록 내게 시간이 부족하고 일정이 빽빽할지라도 나는 최대한 시간을 내서 강연을 한다.

내가 어렸을 때부터 가난한 가정환경에서 열심히 공부한 이야기는 비록 다른 사람들에게 감동을 주지만 나에게는 수많은 고통이었다. 심지어 가족이 내 곁을 떠나간 고통스러운 기억과 안타까움까지도 이야기해야 한다. 과거에 나는 내 이야기를 하는 것을 좋아하지 않았다. 매번 나에게 있었던 일을 떠올릴 때마다 항상 내 마음 깊은 곳에 자리한 아쉬움과 안타까움이 건드려지기 때문이었다. 그러나 내 강연을 듣거나 나의 책을 읽은 후, 빈곤한 운명에서 성공할 희망을 품고 불행한 인생에서 벗어날 수 있는 긍정적인 에너지나 깨달음을 느낀 학생들이 내게 해준 피드백은 큰 감동을 줬다. 또한 나 자신이 원래는 변호사보다 더 큰 영향력을 발휘할 수 있는 사람이었다는 사실도 깨닫게 해준다.

인생의 모든 흔적과 낙인은 어쩌면 내가 계속 노력하고 분투해서 더 많은 사람에게 영향을 끼치도록 신께서 일부러 안배하신 것일지도 모른다. 이 사회에 안타까운 일을 감소시키고 긍정적인 에너지를 증가시킬 수 있도록 말이다.

나는 변변찮은 사람이다. 내가 생산해 내는 긍정적인 영향력은 일종의 인연이자 행운이다. 올림픽 태권도 종목에서 동메달을 딴 쩡리청(曾櫟騁) 선수가 **'완벽하지 않은 사람이 평범하지 않은 일을 해낸다.'**라고 이야기한 것처럼 말이다.

그렇다면…… 나는 운명이 안배한 일을 계속해 나갈 것이다. 계속 분투하자. 나의 투지 넘치는 인생이여.

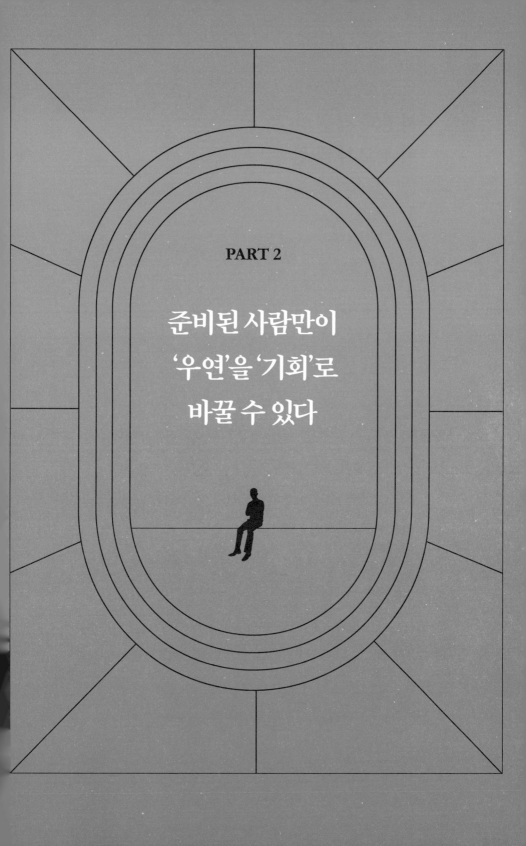

PART 2

준비된 사람만이
'우연'을 '기회'로
바꿀 수 있다

사장과 직원의
비(非)교차 곡선

EMBA(Executive MBA)는 수많은 기업가가 사업에서 성공한 후 즐겨 다니는 과정이다. 첫째는 전문 지식을 충전하기 위함이고, 둘째는 인맥을 넓히기 위해서다.

왕(王) 회장님은 나의 좋은 친구인데 다른 친구의 제안으로 유명한 EMBA 과정에 등록했다.

EMBA 학생들은 대부분 기업가라서 평소에 업무로 매우 바쁘다. 그러니 과정과 관련된 리포트를 준비할 시간이 없는 것이 당연하다. 그래서 필요할 때는 전업 대학원생 후배들의 도움이 유용하다. 일반적으로 기업가들은 돈을 주어 후배들에게 자료를 '수집, 정리'하는 일을 맡기고, 이를 약간 수정한 후 리포트를 완성한다. 학교에서는 이렇게 특수한 상황을 기본적으로 눈감아 주었다.

왕 회장님은 상장 회사의 회장이기 때문에 당연히 업무가 매우 바빴다. 기말 리포트를 제출할 시기가 가까워져 오자 왕 회장님은 '전통'대로 다른 학생들과 일 인당 3천 달러를 지급해 메이링(梅玲)이라는 대학원생에게 도움을 부탁했고, 메이링은 이를 각기 나누어서 다른 학생들에게 하청했다.

2주가 흐른 후, 왕 회장님은 '정리'된 리포트를 받았다. 그런데 자료가 불완전한 데다 오자가 속출하고, 내용의 깊이가 없어 전체적으로 정신이 없는 리포트였다. 화가 난 왕 회장님은 다른 EMBA 수강생들에게 전화를 걸었다가 모두 비슷한 문제를 겪고 있다는 사실을 발견했다. 그래서 왕 회장님은 메이링에게 전화를 걸어 후배들에게 리포트를 수정해 달라고 부탁했다.

메이링과 다른 학생들은 의견을 교환한 후 커다란 문제에 직면했다. '하청'을 받은 학생들에게는 리포트를 수정하려는 성의가 없었다. 돌려보내서 수정받은 후에도 리포트의 퀄리티는 명확하게 개선된 점이 없었다. 메이링이 다시 학생들에게 수정을 요구했을 때, 다른 학생들은 리포트 내용과 퀄리티가 '제출'하기에 충분하다고 생각했다. 오히려 통과만 되면 그만인 리포트에 왜 이렇게 높은 요구를 하냐고 물었다. 게다가 3천 달러밖에 받지 않았으니 그 정도의 내용이면 충분하다는 것이었다.

메이링은 몇 번이나 다시 소통했지만 문제는 해결되지 않았고, 모두 난처한 상황에 부닥쳤다. 이미 최악의 결과를 가정한 왕 회장님은 밤을 새워서 리포트를 작성할 준비에 들어갔다.

왕 회장님이 진한 커피를 끓이면서 자기 집 서재에서 직접 리포트를 쓸 준비로 고민하고 있는데 돌연 메이링에게서 전화가 걸려 왔다. 메이링이 왕 회장님에게 말했다.

"리포트를 선후배들에게 부탁한 사람은 저니까 제가 책임을 지고 완싱할게요. 수정 작업은 제가 완성하게 해주세요."

왕 회장님은 그 말을 듣고 기분이 좋아졌다. 드디어 마음을 짓누르는 돌덩이를 내려놓을 수 있었다. 그러자 진한 커피도 전혀 쓰지 않다는 생각이 들었다. 다음 날 이른 아침 왕 회장님은 친구들과 가장 좋아하는 골프를 치러 갈 수 있었다.

나중에 왕 회장님은 수정을 끝낸 메이링의 리포트를 받았다. 높은 퀄리티는 물론 깊이도 있는 데다 깔끔한 표지까지 덧붙여져 있었다. 왕 회장님은 너무 기분이 좋아서 즉시 다른 수강생들에게 전화를 걸어 이 이야기를 전했다. 그러다가 자신의 리포트뿐만 아니라 다른 수강생들의 리포트도 전부 메이링 혼자서 뒤처리했다는 사실을 알게 되었다. 게다가 다른 리포트의 퀄리티도 매우 좋았다.

메이링이 용감하게 책임을 진 덕분에 모든 EMBA 수강생 경영자들은 순조롭게 기말 리포트를 통과하고 즐거운 여름방학을 보낼 수 있었다. 그리고 모두 메이링에게 아주 좋은 인상을 받았다……

1년여 후, 왕 회장님은 드디어 EMBA 과정을 졸업했다. 메이링과 리포트를 책임졌던 다른 학생들도 석사 과정을 졸업했다. 그러나 하필 1년 동안 금융 위기가 닥쳐온 까닭에 메이링의 친구들은 일자리를 찾는 게 쉽지 않았다. 이력서를 여기저기 넣어도 면접에 응할 기회는 매우 적었고, 설령 면접 기회가 주어져도 좋은 결과를 얻지 못했다. 모두가 암담해하고 있을 때, 메이링은 한 유명한 외국계 투자 회사에 합격했다. 게다가 연봉이 일반 석사과정 졸업생의 1.5배였다.

　　다른 학생들은 모두 신기해했다. 도대체 메이링은 어떻게 취직을 한 거지?

　　메이링이 면접 통지를 받았을 때, 면접 담당자가 말했다.

　　"우리가 메이링 씨에게 호기심을 가진 건 상장 회사 네 군데의 대표와 열 군데가 넘는 회사의 사장님 혹은 고위 경영자들이 메이링 씨의 추천서를 써 주었기 때문이에요. 비즈니스업계에서 성공한 인사들이 하나같이 메이링 씨가 책임감이 뛰어나고 요즘 보기 드문 젊은이라면서 채용할 가치가 있다고 말씀하시더군요. 그래서 우리 회사에서는 평균보다 높은 연봉으로 메이링 씨를 합격시키기로 했습니다. 다른 회사는 포기하고 우리 회사로 출근해 주세요."

　　알고 보니 EMBA의 수강생들은 메이링이 외국계 투자 회사에 들어가고 싶어 한다는 사실을 알고 다 함께 추천서를 써서 메이링에 대해 '칭찬'해 주기로 한 것이다. 이렇게 메이링은 수많은 경쟁자 속에서 두각을 드러낼 수 있었다.

사소한 일을 통해 큰 것을 본다. 이는 수많은 기업가 선배가 가르쳐 준 인재를 관찰하는 방법이다.

많은 젊은 사람이 받는 돈만큼만 일하겠다고 생각한다. 일을 조금이라도 더 하게 되면 자기에게 손해라는 것이다.

그래서 직장에서 그들의 업무 수행이 대표가 요구하는 수준에 달하지 못할 때도 그들은 이렇게 말한다.

'월급은 쥐꼬리만큼 주면서 왜 그렇게 많은 일을 요구하는 거지? 왜 고위 경영자와 동급의 수준을 요구하는 거야?'

그러지 않으면 걸핏하면 대표에게 월급을 인상해 달라고 요구하는데 그 이유는 자기가 조금이라도 일을 더 하면 손해라고 생각하기 때문이다.

당신이 계산할 수 있는 것을 회사 대표라고 계산하지 못할까? 모든 회사 대표는 계산에 능할 뿐만 아니라 당신이 생각하는 것보다 훨씬 계산을 잘한다. 그렇기 때문에 모든 회사 대표는 직원들이 창조하는 생산 가치가 월급을 능가하기를 바란다. 이와 같은 회사 대표와 직원의 상반된 심리를 나는 '사장과 직원의 비교차 곡선'이라고 부른다.

직장에서의 긴장된 비교차 곡선 관계에서 진정한 승리자는 일반적으로 회사 대표다. 그 이유는 대표가 돈을 지급하는 입장이기 때문이다. 지금 당장 당신이 하고 싶지 않은 업무를 하길 원하는 사람은 당신 뒤에 줄을 서 있다. 게다가 당신이 절대 손해 볼 수 없다는 마음가짐으로 화를 내고 회사를 그만둘 때, 지금보다 나은 대우를 받을 직장을 찾지 못할 가능성이 높다.

이는 젊은이들이 갓 사회에 진출했을 때 직장을 여기저기 옮기면서도 월급은 전혀 늘지 않고 심지어 점점 낮아지는 이유이기도 하다. 절대 손해를 보지 않겠다는 마음가짐을 품고 있으면 어디를 가든 손해를 보게 된다.
사람은 너무 계산적이어서는 안 된다. 게다가 최종적인 득과 실은 눈앞의 얄팍한 숫자로 헤아릴 수 없다.

월급이 3만 달러일 때, 당신이 사장을 위해 10만 달러, 더 나아가 20만 달러의 가치를 창출한다면 진짜 계산을 할 줄 알고 선견지명이 있는 사장은 당신을 붙잡아 두고 반드시 월급을 올려 준다. 그러나 만약 당신이 여전히 손해를 보지 않겠다는 태도를 유지하면서 일부러 생산 가치를 29,000달러 혹은 29,990달러로 통제한다면 한번 스스로에게 물어보자. 만약 당신이 사장이라면 어떻게 하겠는가?

'**손해를 보는 게 이득이다.**'라는 말은 진부하지만 매우 실용적인 말이다.

갓 사회에 진출했을 때 우리는 어떤 자원도 가지고 있지 않다. 우리가 의지할 것은 바로 분투하는 정신이다. 이러한 정신은 반드시 누군가에게 발견된다. 그러므로 '본전에 관심을 가지는 것'은 매우 중요하다. 즉 사장이 당신을 '유용한 사람', '경제적으로 실속이 있는 사람'이라고 생각하게 하는 게 중요하다는 말이다. 그렇게 되면 우리에게도 좋은 기회가 돌아온다.

만약 우리가 무턱대고 절대 손해를 보지 않겠다는 마음만 가지고 있으면 우리는 사장이 보기에 있어도 되고 없어도 그만인 존재가 된다. 월급 인상도 불가능하고 승진은 망상에 불과하다.

어쩌면 당신은 이렇게 물을 수도 있다. 만약 내가 아무리 노력해도 '초과 가치'를 창출하지 못해서 사장이 월급도 올려 주지 않고 승진도 못 하게 되면 어떡하지?

내 경험으로 볼 때 당신이 초과 가치를 창출하면 사장은 당신에게 더 많은 일, 더 발전적이고 어려운 일을 맡긴다. 당신은 이를 통해 더 많은 경험을 배우고 흡수해 자기 자신을 '더욱 유용한 사람', 심지어 '매우 유용한 사람'으로 변화시킬 수 있다. 그렇게 되면 설령 당신의 사장이 '보는 눈이 없는' 사람이라 하더라도 걱정할 필요 없다. 아마도 사람을 잘 보는 눈이 더 뛰어난 사장들이 줄을 서서 당신을 쟁취하려고 기다릴 것이다.

황금은 결국 언젠가는 빛나게 되어 있다.

그러나 높은 가치를 지닌 황금이 되려면 그전에 반드시 제련과 조각을 거쳐야 한다. 사람도 마찬가지다. 대신할 수 없는 진정한 가치를 지닌 인재는 반드시 '손해를 보고' 노력을 다하는 과정을 거쳐야 한다. 당신이 눈에 띄지 않는 광물이라면 사장이 끊임없이 이용하고, 연마하고, 광을 내도록 해야 최종적으로 내재한 황금을 드러낼 기회가 온다.

폭스콘의 대표 궈타이밍(郭台銘)은 말했다.

'재목이 인재가 되고 더 나아가 가치를 창출하는 사람이 되려면 경험과 단련, 제련이 필요하다.'

영웅은 출신을 두려워하지 않는다. 기꺼이 손해를 보면서 더 많은 업무와 단련, 도전을 맡아 다양한 경험과 시련을 겪으면 사장의 눈에 귀중한 '인재'가 될 수 있다.

최고가 되기 전에
필요한 연습

내가 처음 배드민턴을 접한 것은 초등학교 3학년 무렵이었다. 우리 큰형 쉬순즈(許順智) 코치가 나의 기본적인 동작을 지도해주었다. 큰형은 당시 싼충 중학교 배드민턴부원인 데다 타이베이현에서 최고의 단식 선수였다. 그러나 큰형은 중학교 2학년 때, 즉 내가 초등학교 4학년일 때 단수이 해수욕장에서 발생한 불행한 사고로 목숨을 잃었다.

비록 큰형이 세상을 떠나기는 했지만 이미 배드민턴에 깊은 흥미를 느끼던 나는 계속 배드민턴을 쳤다. 중학교에 올라가 신성(新生) 배 배드민턴 대회에 참가해 우승한 후 정식으로 싼충 중학교 배드민턴부에 가입해 정규적인 훈련을 받았다.

당시 우리 코치였던 저우시즈(周西智) 선생님은 매우 열심히 그리고 엄격하게 지도해 주셨다. 그 밖에도 큰형의 일로 코치 선생님은 다른 부원들보다 더 큰 관심을 가지고 나를 보살펴 주시며 기대하셨다. 게다가 큰형이 당시 타이베이현에서 최고의 단식 선수였기 때문에 나는 속으로 절대 큰형을 부끄럽게 만들지 않겠다고, 더욱 열심히 기술을 연습할 거라고 다짐했다.

1년간의 훈련을 거쳐 나는 드디어 처음으로 공식 경기에 출전할 기회를 얻었다. 당시 나는 자신감이 넘쳐흘렀다. 내가 첫 시합에서 만난 상대는 다른 중학교 배드민턴부의 고수였다. 그 학생은 당시 최고의 단식 선수였으니 나 같은 풋내기를 상대한 결과가 어떨지는 쉽게 상상할 수 있었다. 나는 두 세트에서 15대 0이라는 결과로 처참하게 패배하고 말았다. 자그마치 두 번이나 0점으로 끝난 것이다. 처음으로 시합에 참여한 경험은 그저 '비참'하다는 말로 형용할 수 있었다.

쓰라린 교훈을 얻은 후 나는 줄곧 기술을 발전시킬 기회를 탐색했다. 저우 선생님은 내가 열심히 배드민턴을 연습하는 걸 보시고 저녁때 체육관에 아주 유명한 코치가 와서 배드민턴을 가르치는데 기회가 있으면 한번 가서 견학해 보라고 말씀하셨다.

당시 우리 배드민턴부는 오후 4시부터 6시까지 연습했다. 6시 이후에는 체육관에 다른 회원인 아저씨, 아주머니들이 와서 배드민턴을 쳤다. 그분들은 국가대표급 코치인 천(陳) 선생님을 섭외했다. 천 선생님은 과거 전국 남자 단식 순위 1위였던 배드민턴 고수였다. 나중에는 중국석유 실업팀을 전담하는 등 배드민턴을 가르친 경험이 매우 풍부하셨다. 그리고 그분이 가르친 학생들은 크나큰 발전을 이루었다. 다만 천 선생님은 시간당 수업료가 매우 비쌌는데, 시간당 1,200달러였던 것으로 기억한다.

비록 나는 이미 작은 팀에서 훈련받고 있긴 했지만 더 많은 훈련을 받고 싶었고, 기술을 단련할 기회를 얻고 싶었다. 나는 속으로 생각했다. 만약 천 선생님의 지도를 받을 수 있다면 나의 배드민턴 기술은 분명 크게 발전할 거라고. 그래야지만 나는 우리 큰형처럼 타이베이현에서 최고 단식 선수가 될 수 있었다.

다만 천 선생님의 수업료가 너무 비싼 데다 우리 집에서 배드민턴 치는 것을 반대했기 때문에 나는 정상적으로 수업료를 내고 천 선생님의 지도를 받을 방법이 없었다. 이 문제 때문에 나는 크게 고민했다.

나중에 나는 매일 학교 배드민턴부 훈련을 마치고 나서 항상 체육관에 남아 다른 회원이 올 때까지 기다렸다. 다른 회원들이 오면 예의 바르게 인사하고, 모든 사람이 모이기 전에 함께 몸을 풀며 서로를 많이 알아갔다. 시간이 흐르자 그분들은 시합이 끝나면 일부러 나와 한두 차례 경기했고, 이렇게 나는 사회인 아마추어와 배드민턴을 단련시킬 기회를 얻었다. 7시쯤 되면 천 선생님이 오시는데, 그러면 배드민턴 코트 하나를 비워 천 선생님이 다른 회원들을 가르치는 데 사용하게 했다. 그리고 다른 회원들은 남은 세

개의 배드민턴 코트에서 배드민턴을 쳤다.

한동안의 관찰 끝에 나는 천 선생님이 회원들에게 서브를 넣는 동안 사용하는 배드민턴 셔틀콕이 약 600개 정도라는 사실을 발견했다. 서브를 받은 사람은 발걸음을 멈추고 천 선생님이 계속해서 서브를 넣을 수 있도록 셔틀콕 30개를 한 줄로 20줄을 세워야 했다. 그러나 회원들은 다들 돈을 내는 사람들이기 때문에 셔틀콕을 줍는 따분한 고생에 흥미를 느끼는 사람이 없었다. 천 선생님은 어쩔 수 없이 본인이 셔틀콕을 줍고 배열했다.

상황을 살펴본 나는 천 선생님이 회원들에게 서브를 넣을 때 묵묵히 선생님 등 뒤에서 부지런히 바닥에 떨어진 셔틀콕을 줍고 배열했다. 선생님이 서브 600개를 다 넣으시는 동시에 나도 바닥에 떨어진 셔틀콕을 전부 주워서 선생님 옆에 가지런히 놓아두었다. 처음에 천 선생님은 내가 어디서 나타난 아이인지 몰라 놀라셨다. 나는 매우 예의 바르게 자기소개를 하며 쌴충 중학교의 배드민턴부원이라고 말씀드렸다. 천 선생님의 코치 능력을 매우 좋아하고 숭배하기 때문에 곁에서 셔틀콕 줍는 일을 도우면서 견학하고 싶다고 말씀드렸다.

몇 주가 지난 어느 날, 9시가 되어 천 선생님의 코칭이 끝났다. 그런데 선생님이 갑자기 나를 부르시는 게 아닌가.

"쉬펑위안, 가서 라켓 좀 가져와. 기본 동작이 어떤지 한번 보자."

그 말을 듣고 나는 어안이 벙벙해졌다. 나는 내가 잘못 들은 줄 알았다. 다시 한번 선생님의 말씀을 확인한 후 나는 얼른 가서 라켓을 가져왔다. 천 선생님과 셔틀콕을 몇 번 주고받은 후, 선생님은 즉시 내 기술의 맹점을 파악하시고 교정해 주셨다.

그날부터 천 선생님은 회원들 코칭이 끝나고 나면 항상 20~30분 동안 무료로 나를 지도해 주셨다. 또한 내가 평소에 어떤 기초 체력과 근력을 길러야 하는지 가르쳐 주셨다.

사실 나는 천 선생님 외에도 당시 체육관에 계시던 아저씨와 아주머니들의 넓은 아량에도 감사한다. 평소에 천 선생님이 9시에 코칭을 끝내고 나면 코트 하나가 비기 때문에 다른 사람이 배드민턴을 칠 수 있었는데 나중에는 천 선생님이 나 같은 애송이를 가르치시느라 30분쯤 코트를 점령하셨으니 말이다. 그러나 모두 애송이 녀석이 열심히 배드민턴을 연습한다는 사실을 알고 계셨고, 게다가 매일 저녁 일부러 남아서 회원들과 같이 배드민턴을 치고 음료수를 사 오는 심부름도 하는 데다 말솜씨도 좋으니 너그럽게 넘어가 준 것이다. 심지어 나를 더 강하게 만든답시고 천 선생님에게 나를 더 '부려 먹으라고' 당부하기도 했다.

반년쯤 지나자 나의 배드민턴 기술은 크게 향상되었다. 근력과 체력도 명확하게 성장했고 특히 줄넘기 특별 훈련으로 키가 169㎝에서 179㎝까지 자랐다. 나의 변화에 모든 부원이 매우 놀랐다.

나중에 전체 현 사생(師生) 배 배드민턴 대회에서 나는 지난번에 나를 격침했던 선수를 만나게 되었다. 그러나 이번에 나는 이미 과거의 오합지졸이 아니었다. 역시나 시합에서 나는 착실하게 상대를 격파시켰고, 단번에 유명해져서 타이베이현 각 학교에 나라는 선수를 정식으로 인식시켰다. 나의 고된 훈련은 가장 달콤한 보답을 얻은 것이다. 무엇보다도 나는 큰형을 부끄럽지 않게 했다는 사실이 더욱 기뻤다.

어느 날, 천 선생님은 평소처럼 나의 특별 훈련을 도와주셨고, 끝나고 나서 우리는 운동장 트랙에 앉아서 이야기를 나누게 되었다.

천 선생님이 나를 보고 웃으시며 말씀하셨다.

"펑위안, 지금의 너처럼 배드민턴장에 떨어진 셔틀콕을 주우러 다니는 아이는 보기 드물지. 그게 내가 너를 의무적으로 가르치게 만든 이유이기도 하고. 너도 열심히 노력해서 나를 김빠지게 하지 않았고."

천 선생님이 말씀을 이으셨다.

"몇 년 전에 너와 똑같은 아이를 만난 적이 있단다. 묵묵히 내 뒤에서 셔틀콕을 줍던 아이였는데, 집안 형편은 좋지 않았어도 배드민턴을 아주 좋아했지. 비록 재능이 뛰어나다고 말할 수는 없었지만 아주 열심히 훈련하던 아이였어. 그래서 나중에 그 아이에게 배드민턴을 가르쳤지."

천 선생님이 한숨을 쉬면서 말씀하셨다.

"휴, 안타깝게도 그 아이는 타이베이현 남자 단식에서 우승한 후 얼마 지나지 않아 사고로 익사하고 말았단다."

나는 깜짝 놀라서 천 선생님께 그 아이의 이름을 물어보았다. 선생님이 대답하셨다.

"그 아이의 이름은 쉬순즈였단다. 왜 그러니?"

그때, 나는 밤하늘을 바라보면서 천 선생님께 조용히 대답했다.

"쉬순즈는 제 친형이에요……."

'귀인들의 발탁을 받고 싶다면 기억해야 할 것이 있다. 첫째, 자주 나타나라. 둘째, 주도적으로 표현하라. 셋째, 공헌을 남겨라. 넷째, 반드시 발견되어라.'

– 유명 연설가 장진구이(張錦貴)

다른 사람들이 원하지 않는 힘든 일을 하면서 다른 사람보다 더 큰 대가를 치를 때, 설령 처음에는 손해를 보는 것 같고 나 자신이 바보처럼 느껴져도 결국 나중에는 기회가 찾아오기 마련이다. 그러므로 나는 '하늘은 어수룩한 사람을 아낀다.'라는 도리를 항상 깊게 믿는다.

충성심은
나의 강력한 자산이다

나는 큰형 덕분에 초등학교 3학년 때부터 배드민턴을 치기 시작했다. 처음 배드민턴을 접했을 때 나는 이 운동이 정말 마음에 들었다. 그러나 큰형이 중학교 2학년 때 학교 부원과 함께 물놀이를 갔다가 불행한 사고로 익사하고 말았다. 그때부터 배드민턴은 우리 집에서 거의 금지된 화제가 되었다.

나는 중학교에 들어간 후 학교에서 열리는 신성 배 배드민턴 대회에 참가해 1학년 남자 단식 부분과 남자 복식 부분에서 우승했다. 그 밖에도 나는 학년을 뛰어넘어 2학년 및 3학년과 도전 시합에 참여했는데 남자 단식에서 준우승, 남자 복식에서 우승을 차지했다.

내게 주목하신 학교 배드민턴부 코치 저우시즈 선생님은 특별히 나를 찾아오셔서 학교 배드민턴부에 참가할 의향이 없는지 물으셨다. 코치님은 쉬순즈가 우리 큰형이라는 사실을 알게 되었을 때 굉장히 놀라셨다. 당시 우리 큰형은 학교 배드민턴부 부장이었고, 타이베이현 남자 단식 최고였다. 만약 계속해서 훈련받았더라면 아마도 훗날 배드민턴 분야에서 재능을 크게 펼칠 기회가 있었을 것이다. 그렇기 때문에 나는 코치님의 눈에서 안타까움과 아쉬움을 느낄 수 있었다⋯⋯.

학군 관계로 우리 싼충 중학교 학생들의 가정환경은 일반적으로 좋지 못했고, 상급학교 진학률도 별로 높지 않았다. 그러나 우리 학교 배드민턴부가 당시 타이베이현에서 최고의 강팀이었기 때문에 열심히 노력만 하면 체육 특기생으로 고등학교, 대학교에 진학할 수 있었다. 그러면 학비도 부분적으로 보조를 받을 수 있고, 심지어 생활비와 건강 지원금도 나왔다. 그래서 배드민턴부에 들어가는 것은 당시 우리 학교 학생들의 최우선 선택 사항이었다. 매번 신입생을 선발할 때마다 백 명이 넘게 몰렸다.

당시 우리 큰형도 이러한 연고로 배드민턴부에 들어간 것으로 기억한다. 큰형은 내게 말했다.

"집안 형편이 안 좋으니까 열심히 배드민턴을 치는 수밖에 없어. 부모님이 학비 걱정 안 하셔도 되고, 대학에 갈 기회도 있잖아. 나중에 코치가 되면 돈을 벌어서 집에 보탬이 될 수도 있고, 그래서 나는 진짜 열심히 할 거야. 열심히 해서 전국 우승을 할 거라고."

물론 우리 큰형은 사고 때문에 자신의 꿈을 이루지 못했다…….

나는 큰형이 이루지 못한 꿈이 전국 우승이기 때문에 학교 배드민턴부에 가입했다. 나 자신도 배드민턴을 굉장히 사랑해서이기도 하지만 어느 정도는 큰형의 꿈을 이루어 주고 싶은 마음도 있었다. 그러나 배드민턴은 우리 집에서 금기사항이었는데 큰형을 따라 나까지 배드민턴부에 가입하고 말았으니. 만약 아버지가 아시면 분명 죽도록 매를 맞을 게 뻔했다. 그래서 나는 몰래 배드민턴부에 들어갔다…….

내가 동기생들과 신입생 모집에 지원했을 때는 대략 100여 명이 있었다. 그러나 일주일 후의 훈련 때는 30명도 남지 않았다. 그리고 다시 일주일이 지난 후에는 20명도 채 남지 않았다. 1개월 후, 배드민턴부에는 7명만 남았다…….그 이유는 배드민턴이 너무 힘들었기 때문이다. 쪼그려 뛰기로 200m나 되는 운동장을 한 바퀴 돌고 나면 이미 다리가 후들거려서 제대로 서 있을 수조차 없었다. 다음 날 아침에 일어날 때도 제발 용기와 힘을 달라고 신께 기도를 드릴 정도였다.

당시 우리는 오후 4시에 연습을 시작해 6시쯤에 마쳤다. 연습을 끝내고 나면 나는 배드민턴 도구를 몰래 배드민턴부 휴게실에 숨겨 놓을 수밖에 없었다. 어머니가 내게 매일 왜 그렇게 자주 옷을 갈아입느냐고 의아해하시면 나는 농구를 해서 그런 거라고 얼렁뚱땅 둘러댔다. 농구를 많이 해야 키가 크고 어른이 될 수 있다고.

이러한 생활은 1년 반 정도 계속되었다. 1년 넘는 고된 훈련을 거쳐 나는 풋내기에서 점점 타이베이현의 배드민턴계에서 두각을 드러내게 되었다. 원래는 타이베이현의 우승과 준우승을 두고 우리 싼충 중학교와 장허(漳和) 중학교가 필사적으로 다투었는데, 당시에 의외로 A 중학교가 분발하기 시작하면서 우승을 두고 다투게 되었다. 게다가 A 중학교가 우승을 차지하면서 우리 싼충 중학교가 유지했던 연패 기록이 깨졌다.

당시 우리 배드민턴부는 인재가 단절되었기 때문에 전체 팀 전력이 완벽하지 못했다. 여전히 강팀이기는 했어도 시종일관 단체 시합에서 전면적인 우세를 점하기가 어려웠다. 매번 A 중학교에게 우승을 빼앗겼다.

비록 A 중학교가 우승하기는 했지만 우리 학교 팀과의 스코어는 항상 3 대 1이었다. (배드민턴 단체 시합은 다섯 경기로 이루어지는데, 각각 단식, 단식, 복식, 복식, 단식에서 먼저 3점을 얻는 팀이 승리함)

나는 항상 첫 단식 경기에 배정되었기 때문에 상대가 어떤 선수를 배정하든 첫 단식 경기에서는 우리 팀을 이길 수 없었다……

어느 날 연습을 마치고 집에 돌아왔는데 부모님이 아주 진지하게 나더러 A 중학교로 전학을 가 배드민턴부에 참가하는 게 어떨지 생각해 보라고 하셨다.

나는 정말 어이가 없었다. 어떻게 부모님이 내가 학교 배드민턴부라는 걸 아시고 게다가 A 중학교까지 알고 계시는 건가.

알고 보니 몇 번의 큰 시합을 치른 후, A 중학교는 첫 번째 남자 단식에서 우승하는 걸 포기하고 작전을 바꿔서 아예 비교적 빠르고 직접적인 방법인 스카우트에 나선 것이다. 그래서 A 중학교는 관계를 통해 싼충 중학교 교장 선생님을 정식으로 찾아가 나를 자신들의 학교로 전학시키고 싶다는 뜻을 전했다. 교장 선생님은 나의 코치 선생님께 처리를 부탁했다.

저우시즈 선생님은 우리 부모님이 내가 배드민턴을 치는 것을 싫어한다는 사실을 분명히 알고 계셨다. 그러니 전학까지 가서 프로 선수가 되는 것을 분명히 거절하시리라고 생각해서 A 중학교에 완곡하게 거절하기 위해 이런 일은 학생 본인과 부모님의 뜻을 존중해야 한다고 말씀하셨다. 그래서 아예 A 중학교 사람들이 우리 부모님을 찾아오도록 '유도'한 것이다……..

들자 하니 그날 A 중학교는 교감 선생님을 필두로 학교의 고위 관계자 6명이 찾아왔다고 한다. 게다가 충분한 성의와 좋은 조건을 내세웠다.

첫째는 학비를 전액 면제해 주고, 둘째는 내가 A 중학교 교감 선생님 댁에 머무르게 될 것이기 때문에 따로 등하교할 필요가 없다는 것이었다.

셋째는 학교에서 장학금과 건강 지원금을 지원한다고 했다.

제일 중요한 넷째는 바로 나를 우등반에서 공부하게 하면서 학교 성적도 잘 보살피겠다는 것이었다. A 중학교 관계자들은 오후 내내 끊임없이 최선을 다해 나를 배드민턴 선수로 키워 내겠다는 의사를 드러냈다. 게다가 내가 A 중학교에 들어가기만 하면 자기네 배드민턴부가 전국 강팀과 우열을 다툴 능력이 생기게 되므로 나중에 전국에서 6위만 하면 고등학교, 대학교 진학을 지원하겠다고 밝혔다. 나중에는 전도가 유망하고 어쩌고저쩌고…….

생각지도 못하게 우리 부모님은 설득당하셨다. 결국에는 A 중학교 관계자들에게 내가 원하기만 하면 부모님은 상관하지 않겠다고 승낙하셨다……. 그러니 당시는 모든 것이 준비됐으니 '나의 동의'라는 동풍만 불어 주면 되는 상황이었다…….

나는 A 중학교의 전체적인 전력이 매우 강한 데다 팀의 자원이 풍부하다는 사실을 알고 있었다. 내게는 체육계의 눈부신 스타가 될 기회가 있었다. 그러나 당시 나는 너무 멀리 생각하지 않고 그 기회를 직접적으로 거절했다. 나는 진지하게 A 중학교 코치님에게 말했다.

"호의에 정말 감사합니다. 그렇지만 첫째, 제 배드민턴 실력은 전부 코치인 저우시즈 선생님이 가르쳐 주신 거예요. 만약 코치님과 우리 배드민턴부를 배신하면 제가 어떻게 코치님께 떳떳할 수가 있겠어요? 둘째, 우리 부원들은 비록 A 중학교만큼 강하지는 않지만 적어도 함께 최선을 다해온 전우예요. 저는 다른 팀의 유니폼을 입고서 함께 싸워 온 전우들을 배신할 수는 없어요."

결국 나는 전학을 가지 않았고 부모님은 나의 배드민턴 실력을 발견하시고는 더 이상 반대하지 않으셨다. 나와 우리 부원들은 계속해서 열심히 훈련하고, 필사적으로 싸웠다. 1년여가 지난 후, 우리 팀은 노력과 단결을 바탕으로 다시금 타이베이현 우승컵을 거머쥐었다. 이는 기념으로 삼을 가치가 있는 추억이었다. 그 이유는 우승의 영광이 코치님과 팀원들을 배신하고 얻은 나만의 이익이 아니라 한 무리의 풋내기들이 함께 고생하고, 혼나고, 이를 악물고 분투한 끝에 얻어진 것이기 때문이다.

사람은 모름지기 충성심이 있어야 한다. 이는 모두가 아는 기본적인 도리다. 그러나 실제로 해내는 사람은 절대 많지 않다. 특히 이익을 앞에 두면 모든 도덕 윤리의 어두운 면이 본모습을 드러낸다.

나는 시종일관 사람에게 충성하는 것이 사회에서 강력한 경쟁 자원이 된다고 생각해 왔다. 사람의 일생에는 수많은 귀인이 필요하고, 귀인이 당신을 발탁하는 중요한 동기가 바로 '충성심'이기 때문이다. 이치는 매우 간단하다. 당신이라면 능력은 있는데 미래에 당신을 배반할 가능성이 있는 사람을 발탁하겠는가?

능력이 뛰어날수록 배신의 강도는 커진다. 이러한 각도에서 볼 때 길거리 사회학에서는 '충성심'이 '능력'보다 훨씬 중요하다.

나는 한 선배가 내게 이야기해 준 말 한마디를 계속 기억할 것이다.

'**아위안**(阿源. 중국이나 대만에서는 보통 친근한 사이에 이름 마지막 글자 앞에 '아(阿)'를 붙여 부른다—역주), **옆집 사료가 더 맛있다고 자기 주인을 배신하는 강아지 본 적 있어? 만약 사람이 충성심을 갖추지 않으면 그건 강아지보다도 못하다는 뜻이야.**'

절대 지각을 사소한 일로
생각하지 마라

전에 대학교를 다닐 때, 만약 교수님이 출석을 부르지 않으면 아침 8시 강의는 거의 제시간에 맞춰 나간 적이 없었다. 분명 대부분의 대학생이 나 같은 경험이나 습관이 있을 것이라 믿는다.

사회에 진출한 후에는 다른 사람과 식사나 회의 약속 등을 하면 습관적으로 5분 정도는 늦게 나갔다. 제시간에 맞춰 도착하는 일은 매우 드물었고, 미리 나가 있는 건 더 말도 안 되는 일이었다.

지각하는 습관은 별것 아닌 것처럼 보이지만 사실 수많은 젊은이에게서 성공의 기회를 빼앗는다.

한번은 기성복 무역을 하는 리(李) 회장님과 식사 약속을 한 적이 있었다. 6시 정각에 타이베이의 징화(晶華) 호텔에서 만나기로 했다. 리 회장님은 아주 성공한 기업가로, 평소에 나를 돌봐 주시는 매우 중요한 귀인이었다.

그날 나는 사무실 일로 5시 반까지 바빠서 도저히 빠져나올 수가 없었다. 시간이 촉박하다는 사실을 깨닫고 서둘러 회의를 마쳤지만 사무실을 떠날 때의 시간은 이미 5시 55분이었다. 나는 리 회장님에게 전화를 걸어 곧 충샤오차오에 도착할 것 같은데 아마 5분 정도 늦을 거라고, 조금만 기다려달라고 부탁했다.

리 회장님이 말했다.

"괜찮아, 천천히 와."

6시 15분이 되었을 때, 택시는 충샤오차오를 지나고 있었다. 그런데 운 나쁘게도 엄청난 교통체증에 휘말렸다. 다리 위를 지나는 데만 25분이 걸려서 6시 40분에야 충샤오차오에서 벗어났다. 이때 나는 이미 크게 지각했음을 잘 알고 있었지만 염치 불고하고 다시 리 회장님에게 전화를 걸었다.

"이제 충샤오시루(忠孝西路)에서 중산베이루(中山北路)로 들어섰으니 곧 도착합니다. 조금만 더 기다려 주세요. 정말 죄송합니다."

리 회장님은 말했다.

"괜찮아, 천천히 와."

택시가 충샤오차오를 벗어나 충샤오시루에 접어들어 타이베이역을 지날 때 또 차가 막혔다. 중산베이루가 바로 코앞에 있는데 차가 진입하지를 못하고 아주 천천히 이동할 뿐이었다. 나는 마음이 타들어 갔다. 그러나 더는 리 회장님에게 전화를 걸 용기가 없었다. 내 시계가 이미 7시 정각을 가리키고 있었기 때문이다.

이때 나는 계속해서 손목시계의 초침을 바라보고 있었다. 별다른 핑곗거리가 떠오르지 않는 데다 교통체증까지 만나 극도로 긴장한 상태였다. 지각을 해 본 사람이라면 누구나 내 심정을 깊이 이해할 것이라 믿는다. 거리가 가까운데도 차가 막혀서 도착하지 못하니 택시에 날개라도 달려서 날아가기를 바라는 심정이었다.

택시 안에서 나는 도저히 리 회장님에게 전화를 걸 수가 없어서 천천히 움직이는 초침을 따라 마음속으로 얼른 징화 호텔에 도착하게 해 달라고 빌었다.

마음을 졸이며 천신만고 끝에 드디어 징화 호텔에 도착했을 때는 이미 7시 15분이었다. 좀 있다가 리 회장님을 만나게 되면 뭐라고 해명을 해야 할지, 어떻게 화를 누그러뜨릴 수 있을지 불안했다.

어라, 이상하다. 왜 리 회장님이 안 보이지? 속으로 불길한 예감이 든 나는 휴대폰을 꺼내 리 회장님에게 전화를 걸었다.

"여보세요, 리 회장님."

"괜찮아, 천천히 오라니까."

내가 말을 마치기도 전에 리 회장님이 대답했다.

"지금 징화 호텔 입구에 있는데요. 어디 계십니까?"

긴장한 내가 물었다.

"오, 도착했군. 난 이미 자리를 떴다네."

리 회장님이 가볍게 대답했다.

"이미…… 떠나셨다고요."

나는 정신이 멍해졌다.

"그래. 그래서 내가 괜찮으니까 천천히 오라고 했잖나."

"그게……."

나는 순간 할 말을 잃었다.

"펑위안, 다음에 다시 약속을 잡지."

그 말만 남기고 리 회장님은 전화를 끊어 버렸다.

나는 징화 호텔 문 앞에서 30분이나 멍하니 앉아서 내가 저지른 실수를 뉘우쳤다.

몇 개월이 지났는데도 리 회장님에게서는 연락이 없었다. 그러다 한 연회장에서 우연히 같이 앉게 되었다.

"펑위안, 내가 왜 그날 가 버렸는지 이제 알겠나?"

리 회장님이 물었다.

"예, 압니다. 제가 지각을 하지 말았어야 했는데, 그날 일은 정말로 죄송합니다."

나는 나지막하게 대답했다.

"그리고?"

리 회장님은 내가 더 많은 이치를 깨닫기를 바라는 것 같았다.

"그게……."

나는 다시 말문이 막혔다.

리 회장님은 1분쯤 침묵하시다가 내가 대답을 못 하자 입을 여셨다.

"젊은 사람들은 항상 지각하지. 왜 그런지 알아?

첫째, 다른 사람이 지닌 시간의 가치를 존중하지 않기 때문이야. 그래서 아무렇지도 않게 다른 사람의 소중한 시간을 낭비하는 거지. 그렇지만 다른 사람을 존중하지 않으면 다른 사람도 절대 자네를 존중해 주지 않아.

둘째, 지각을 한다는 건 신용할 수 없는 사람이라는 뜻이지. 몇 시에 만나기로 했으면 말 그대로 딱 몇 시에 만나는 데서 신용이 드러나는 거야. 그렇지만 항상 늦어진다는 건 자네가 전에 한 약속들은 전부 공염불이 되고 전혀 신용할 수 없다는 거지. 어떻게 다른 사람이 자네를 믿겠나?

셋째, 지각 때문에 핑곗거리를 찾는 건 그저 실수를 반복할 뿐인 거야. 이미 지각할 것이라는 사실을 분명히 알면서도 변명거리만 잔뜩 찾으면 괜한 혐오감만 사지. 자네가 실수했을 때 바로 용감하게 마주하면서 실수를 인정하고 고치는 게 아니라 거짓말로 빠져나갈 궁리만 하는 사람이라는 게 드러난다고. 그렇지만 자네가 다른 사람을 바보로 여길 때, 그 누구보다 바보 같은 사람은 자네라는 사실을 잊지 말게나.

평위안, 나는 자네를 친동생처럼 생각하기 때문에 이렇게 적 나라하게 이야기해 주는 거야. 자네가 이번 일로 얻은 교훈을 기억하기를 바라서 말이야. 절대 지각을 사소한 일로 생각해서는 안돼. 사소한 지각은 다른 사람이 자네가 큰일을 해낼 수 있을지를 관찰할 수 있는 중요한 사항이지."

리 회장님이 의미심장하게 말했다.

교훈을 얻은 후 나는 다른 사람과 약속을 잡으면 절대 늦지 말자고 스스로 다짐하게 되었다. 나중에 나는 한 가지 사실을 발견했다.

지각하지 않는 방법은 사실 매우 간단하다. 바로 '일찍 출발하면' 된다.

바로 이렇게 간단한 일이다. 그러나 당신은 해낼 수 있는가?

모두 '신용'이 인생의 가장 큰 자산이라는 사실을 잘 안다. 많은 사람이 처음 사회에 나왔을 때, 종종 자기도 모르는 사이에 소중한 자산을 아무렇게나 흥청망청 써 버린다. 그로 인해 신용이 깨지면 설령 당신에게 아무리 전문성과 장점이 있대도 이를 보완하기 어렵다.

'길거리 사회학'은 다른 사람이 지적해 주지 않으면 스스로는

깨닫기 어렵다. 당신에게는 사소한 일처럼 보이지만 사실 그 배후에는 중요하고 관건이 되는 도리가 수없이 숨어 있다. '지각하는 습관'이 바로 명확한 예시다.

　　신용받는 사람이 되고 싶다면 지각하지 않는 것부터 시작하자.

젊은 사람들은
'혜안'이 부족하기 때문에
'따르는 법'을 배워야 한다

나는 스물여덟 살에 국제 로터리 클럽에 가입했다. 국제 로터리 클럽은 세계적으로 유명한 사회단체로, 특히 대만에서는 수많은 기업가와 사회의 엘리트들이 모여 있는 곳이다. 당시 나는 너무 젊은 데다 사회 경험도 얕아서 가입을 매우 주저했다. 그러나 당시 국제 로터리 클럽의 사장님과 창립 사장님의 격려를 받아 가입하기로 했다.

국제 로터리 클럽에 가입한 후, 나는 매달 적지 않은 회비와 기부금을 내야 하고 매주 정기모임과 연합모임에 참석해야 한다는 사실을 알게 되었다. 그 밖에도 여러 차례 국내외로 여행을 가는 등의 활동이 있었다.

갓 사회에 진출한 나는 재력도 그렇고 시간적으로도 그렇고 모두 큰 압박이었다. 그러나 나는 아무리 바빠도 될 수 있는 한 로터리 클럽의 모든 활동에 참석하려고 노력했고, 심지어 '올해의 개근상'을 받는 영광을 누리기도 했다.

모임에 참석할 때면 나는 항상 식사 시간을 이용해 회사 경영자들의 대화 내용을 자세히 경청했다. 그분들은 항상 다양한 '사업 비법'을 토론하고 있었기 때문에 나는 제법 풍성한 수확을 얻을 수 있었다. 그 밖에도 사장님들이 사업을 하고, 여행하고, 골프를 치기 위해 먼 길을 떠난다는 계획을 들으면 아무리 바빠도 나는 될 수 있는 한 시간을 내서 '꼭 따라가게 해 달라고' 부탁했다.

나는 이러한 기회를 이용해서 경영자들과 중국의 청두, 선전, 광저우, 수저우, 항저우, 상하이, 난징, 마카오, 홍콩 등지를 돌아다니며 더 큰 세상을 배웠다. 그리고 그분들 곁에서 비즈니스 협상 작전을 무수히 훈련했다. 골프팀의 해외 원정까지 참여한 이유는 경영자들과 더 깊이 교류할 기회를 포착하기 위해서였다.

몇 년이 흐른 후, 나는 사고방식이나 경험, 체험, 대세를 바라보는 시야, 친분을 막론하고 매우 큰 발전을 했다는 사실을 발견했다. 국제 로터리 클럽에 들어가기 전과 비교해 보면 여러 경영자분이 마치 막힌 혈을 뚫어준 것처럼 사업 능력 방면에서 완전히 환골탈태했다.

나는 나이도 너무 젊고 가세도 좋지 못한 데다 부모님까지 일찍 세상을 떠나서 이렇게 많은 경영자와 접촉할 기회를 얻기 힘들었다. 나는 나를 싫어하지 않은 선배님들께 정말 감사하고, 그들에게서 배운 아주 사소한 것도 소중히 여기게 되었다.

> 부자가 되고 싶다면 반드시 부자를 보고 배워야 한다. 부자들 틈에 잠깐 서 있는 것만으로도 부자들의 정신을 느낄 수 있는 법이다.
>
> – 유대 성경 '탈무드'

수년 전, 전 세계적인 베스트셀러 '백만장자 시크릿'에서는 가난한 사람과 다른 부자들의 사고방식을 이야기했다. **부자가 돈이 많은 이유는 단순히 부자여서가 아니라 부자만의 사고방식을 가지고 있기 때문이고, 가난한 사람이 가난한 이유는 단순히 돈이 없어서가 아니라 가난한 사고방식을 가지고 있기 때문이다.**

이 사회에서는 통상적으로 부자는 계속 부유하고, 가난한 사람은 계속 가난하다. 그리고 부자와 가난뱅이를 가르는 관건은 바로 '사고방식'이다. 만약 당신의 사고방식이 변화하지 않는다면 설령 매일 죽을 만큼 열심히 노력하며 일해도 그저 입에 풀칠할 수 있을 만큼의 돈만 벌지도 모른다. 그리고 이렇게 번 돈은 결국 부자의 주머니로 들어간다. 이러한 사고방식은 단순히 개인의 노력이나 상상력으로 돌파할 수 없다.

나는 이러한 현상을 **'자기 상상력의 한계'**라 부른다.

만약 당신이 야구선수라면 대만의 아마추어 리그에서는 미국 메이저리그급의 시속 155㎞의 공을 던질 수 없을 것이다. 환상만으로는 도전을 마주하고 돌파할 수 없다. 이것이 바로 '자기 상상력의 한계'다.

동일한 이치를 돈 버는 데에 적용해 보자. 한번 생각해 보라. 만약 백만 달러를 벌고 싶다면 당신의 현재 '자기 상상력'으로는 어떤 방법을 생각해 낼 수 있는가? 예를 들어 고분고분 직장을 다니면서 매달 3~4만 달러를 받고 그중에서 1만 달러를 저축한다면 장장 100개월, 즉 8년 넘게 저축해야 한다.

만약 시간을 단축하고 싶다면 매달 지출을 줄이거나 저녁 혹은 휴일에 겸업하는 방법도 있다. 아니면 업무의 전문성을 높여서 회사 대표가 월급을 올려 주기를 기대할 수도 있는데 이처럼 백만 달러를 모을 수 있는 대체적인 방법은 몇 가지뿐이다. 회사를 그만두고 창업하려 한다면, 사람들은 대부분 아직 준비가 되어 있지 않고, 자금도 부족하고, 고객을 어떻게 확보해야 할지 모르겠고, 위험이 너무 크다는 등의 이유로 얌전히 노력하면서 돈을 절약하고 저축하기를 선택한다. 이를 통해 예견할 수 있는 사실은 반드시 수년의 시간을 들여야 비로소 백만 달러를 벌 수 있다는 것이다. 설령 당신이 머리가 터지도록 고민하더라도 난관을 헤쳐 나갈 수 없다. 이것이 바로 내가 말하는 '자기 상상력의 한계'다.

성공한 사업가의 곁에 있기 위해 '노력'할 때, 당신은 '자기 상상력의 한계'를 돌파할 수 있다.

재산이 수억, 수십억, 심지어 백억 달러가 되는 성공한 사업가에게 백만 달러를 버는 일은 누워서 떡 먹기다. 조금만 노력하면 되는 일이라 백만 달러를 버는 것은 그들의 '상상력'에 아무런 제한이 되지 않는다. 성공한 사업가의 곁을 따를 기회가 있다면 그들의 사업 수완을 '습관이 될 정도로 항상 보고 들어라.' 시간이 지나면 '상상력의 한계'를 돌파할 수 있을 것이다. 당신의 두뇌는 부자의 두뇌로 변하고, 백만 달러를 버는 게 조금도 어렵게 느껴지지 않을 것이다. 심지어 당연하게 여겨질 수도 있다.

만약 당신이 '키워낼 가치가 있는' 후배라면 성공한 사업가들은 당신이 어떻게 해야 신속하게 '상상력의 한계'를 돌파할 수 있는지 몸소 가르쳐줄 것이다. 이는 미로에서 누군가 당신에게 미로를 통과할 수 있는 지도를 건넨 것과 같아서 부에 이르는 출구를 신속하게 찾을 수 있다.

나는 어렸을 때부터 가정형편이 어려웠고, 창업할 때도 맨손으로 이루어낼 수밖에 없었다. 나는 '상상력의 한계'가 내가 돈을 벌고 성공하는 걸 방해하는 주요한 원인이라는 사실을 아주 분명하게 알았다. 그래서 일찌감치 노동으로 번 돈은 저축하기 위해 노력하고, '어른 친구들'과 열심히 교제하기 시작했다. 어디가 되었든 아무리 먼 곳이라도 나는 기꺼이 '자비'를 지출해 그들을 따라다니며 '애제자'가 되기 위해 노력했다. 시간이 흐르자 내 휴대폰의 전화번호부에는 나보다 열다섯 살 이상 많은 선배가 대부분을 차지하게 되었다.

나는 나 자신에게 '혜안'이 없다는 사실을 잘 알고 있었기 때문에 '어른 친구들'을 따르는 과정에서 그들의 처세와 경영 기술을 배웠다. 그들이 '이야기'하는 내용을 자세히 경청하고, 모든 세부적인 부분을 외우려 노력하면서 집에 돌아오면 노트에 정리했다. 그리고 자세히 반복해서 생각해 보고, 어려운 일이 생기면 즉시 선배들에게 가르침을 청할 기회를 찾았다. 그들과 깊이 있는 이야기를 나누고 가르침을 받고 나면 항상 눈앞이 확 트이며 다시 한번 '상상력의 한계'를 돌파한 느낌이 들었다.

젊은이들은 처음 사회에 나왔을 때 '혜안'이 부족하기 때문에 '따르는 법'을 이해해야 한다. 그래야만 경쟁하는 사회에서 성공한 사업가들이 쌓아온 수십 년의 경험과 지혜를 흡수할 수 있다. 수완이 생기면 이런저런 곤경에 부딪힐 확률이 낮아진다. 그런 다음 스스로 더욱 분발하면 분명 인생의 방향이 바뀌고 가난에서 벗어날 수 있을 것이다.

인맥 양주 이론

막 사회에 진출했을 때 내 전문 분야는 보험 건이었다. 그래서 보험업계와 비교적 깊이 접촉하고 보험 분야를 상당히 심도 있게 이해하고 있다.

당시에 나는 보험업계의 생태를 배우기 위해 보험 판매 관련 서적을 읽으며 많은 시간을 보냈다. 그러다가 거기에 나오는 수많은 관념이 갓 사회에 진출한 젊은이들을 '바이러스형 인간'으로 만들어 버릴 위험이 있다는 사실을 발견했다.

책에서는 보험 종사자가 어떤 기술을 운용해 막 알게 된 거물의 연락처를 받고 이어서 용기를 내어 상대방에게 연락하고, '화술'을 이용해 방문에 성공할 기회를 높일 수 있는지를 가르쳤다. 상대방이 완곡하게 거절할 때는 '불굴'의 정신을 굳게 지키며 끊임없이 방문하면 어느 날 상대방이 당신의 '의지'에 '감동'해서 보험 계약을 따낼 기회를 줄 것이라고 했다…….

수많은 보험 베스트셀러 서적에서 이렇게 끊임없는 방문을 통한 성공 경험을 언급하고 있었다.

나는 작가가 제멋대로 생각해 낸 게 아니라면 정말로 적지 않은 사람이 이러한 방식으로 보험 계약을 따낼 기회가 있을지도 모른다고 생각했다. 그러나 내가 보기에 설령 보험 계약을 달성했어도 인간관계의 암묵적 관행에서는 '지혜로운' 방법은 아니었다.

막 알게 된 친구, 거물을 방문해서 보험을 추천하는 일은 어쩌면 업계 마케팅의 신속성과 수익성에 도움이 될지는 모르지만 단번에 자신이라는 브랜드를 '더럽히게' 된다. 심지어 당신을 소개해 준 귀인이 인간관계에서 난처한 상황에 처할 수도 있다.

끊임없이 방문해서 상대방이 마지못해 당신을 만나줄 때, 사실 상대방은 당신의 화술이 효과를 발휘해서 정말로 당신이 제공하는 각종 재무, 세무 계획 방안을 이해하고 싶었기 때문이 아니라 당신을 소개해 준 선배의 '체면'을 봐서 어쩔 수 없이 만나준 것일 수도 있다. 생각지도 못한 만남에 당신은 서둘러 제안서를 제출하고, 계속해서 안건을 진행하느라 계약을 재촉하며 상대방이 될 수 있는 한 빨리 보험 계약을 맺기를 원한다.

그렇다면 상대방은 당신을 '바이러스형 인간'으로 분류할 것이다. 그리고 바이러스가 침투했다는 정보를 가장 빠른 방식으로 인맥 내의 친구들에게 알릴 것이다. 심지어 당신을 모두에게 소개해 준 선배에게 소소한 불평을 할 수도 있다.

이러한 유형의 문제는 보험업계뿐만 아니라 사실 다양한 업계에서도 발생한다. 많은 젊은이가 인맥을 넓히기 위해 종종 과도하게 빠른 속도로 '수확' 단계에 진입한다. 그러면서 알게 된 지 얼마 안 된 업계의 거물이 즉시 자신의 고객이 되기를 바란다.

이러한 마음가짐이 옳지 않다고 말할 수는 없다. 결국 사람은 누구나 그런 기대를 품고 있기 마련이기 때문이다. 다만 당신이 매우 어렵게 선배의 소개를 통해 '거물'의 인맥 범위에 진입했다면 그렇게 쉽게 인맥 자원을 '소모'하는 것은 큰 낭비다.

인맥 양주 이론은 묻는다. 당신은 자기가 원하는 인맥 자원을 '맥주'로 만들어 내고 싶은가, 아니면 '위스키'로 만들어 내고 싶은가?

맥주, 양주는 단시간에 해낼 수 있다. 아마도 몇 개월이면 충분할 것이다. 그러나 위스키를 만드는 데는 10년에서 20년이 걸린다. 맥주와 위스키의 주조 시간에는 이처럼 큰 차이가 있다. 이는 일반 맥주와 고급 위스키의 가격이 수십 배, 심지어 수백 배나 차이가 나는 이유이기도 하다.

당신은 자신의 인맥 자원을 '맥주'로 만들고 싶은가, 아니면

'위스키'로 만들고 싶은가?

만약 위스키를 제조할 수 있는 인맥 원료로 맥주를 제조한다면 큰 낭비라는 생각이 들지 않는가?

만약 위스키를 만들고 싶은데 맥주처럼 몇 개월 만에 양주가 되기를 바란다면 그런 위스키는 과연 마실 수 있을까? 당신의 생각이 너무 순진한 것은 아닐까?

만약 고급 위스키를 제조하고 싶다면 인내심을 가지고 몇 년은 기다려야 한다. 마찬가지로 '거물'을 당신을 발탁해 줄 '귀인'으로 만들고 싶다면 인내심을 가지고 수년, 심지어는 십수 년을 기다려야 한다.

서두르지 말고 작은 이익을 탐하지 마라. 서두를수록 달성하지 못하고, 작은 이익만 보면 큰일을 이루지 못한다. (無欲速, 無見小利. 欲速, 則不達 ; 見小利, 則大事不成.)

사람은 평생 자신을 발탁해 줄 귀인 한 사람만 있으면 운명이 변화되고 인생을 역전시킬 수 있다. 그러므로 긴 시간을 들인 기다림은 분명히 가치가 있다.

예를 들어 설명해 보자. 만약 거물 한 사람을 당신의 귀인으로 만들고 싶다면 12년이라는 시간(12년 된 위스키)이 걸린다. 당신이 지금부터 '인맥 양주 이론' 개념을 따르기 시작하면 12년 후, 당신을 발탁해 줄 첫 번째 귀인을 만날 수 있을 것이다.

그뿐만 아니라 12년째 되는 해부터 매년 '무수한' 귀인이 나타나기 시작할 것이다. 왜 그럴까? 당신이 지금부터 매일 끊임없이 인맥 만들기를 시작하면 12년째 되는 해는 첫 수확을 얻을 시기고, 13년째 되는 해에도 또 수확을 얻을 수 있다. 이렇게 추론해 보면 귀인은 매년 생겨난다.

술을 빚는 데 '효모'가 필요한 것처럼 **인맥 양주 이론에도 '효모'가 필요한데, 그것은 바로 '정'이다.**

거물과 함께 할 때 필요한 것은 설이나 명절 때 보내는 선물이나 번지르르한 아첨, 비굴하게 떠받들기가 아니다. 그들은 이미 귀한 물건을 가지고 있고, 그들이 진짜로 원하는 것은 당신이 살 수 없다. 아첨을 떨고 떠받드는 것은 이미 수없이 꼬인 '파리'들이 했으므로 굳이 당신까지 끼어들지 않아도 된다.

사실 정은 매우 쉽게 쌓을 수 있다. 아무리 대단한 인물이라도 그 사람만의 고민이 있다는 사실을 기억하라. 그 사람의 고민을 자세히 관찰하고 대신 해결 방법을 열심히 생각하는 것이 서로의 정을 쌓을 수 있는 가장 좋은 방법이다. 서로의 정을 끊임없이 쌓으면서 깊이를 다져 가다 보면 시간이 지난 언젠가 가장 멋진 술을 빚어낼 수 있다. 당신의 인생에는 그 순간부터 매우 중대한 변화가 일어난다.

앞서 나는 허리링 씨가 과거에 내게 '보잘것없는 선물로 좋은 인연을 두루 맺고 인내심 있게 기다려라'라는 말을 한 적이 있다고 언급했다. 이 말이 바로 '인맥 양주 이론'의 핵심이다. 즉 이 말은 나의 인생에 중요하고 긍정적인 큰 변화를 가져다주었다.

당신은 살아가면서 중요한 인물을 수없이 만날 것이다. 그들은 어쩌면 대기업가일 수도 있고, 유명인일 수도 있다. 그러나 이렇게 중요한 인물을 당신의 귀인으로 만들지 못한다면 그들은 당신에게 특별한 의미가 없다. 그리고 그들을 당신의 귀인으로 만들려면 '인맥 양주 이론'적인 사고방식이 필요하다.

맛이 좋고 감미로운 술일수록 최고급 원료와 효모가 있어야 한다. 그리고 오랜 시간 빚어내야 한다.

나는 어떤 일이 내게 닥치면 아예 하지 않을망정 하기로 마음먹으면 최고로 해내는 사람이다. **그래서 나는 '최고급 금문진년(金門陳年) 고량주'를 빚는 데 집중하고 있다.**

나는 인내심을 최대로 발휘하면서 내 인생에 가장 중요한 귀인을 기다리고 싶다. '사람은 누군가 이끌어 주지 않으면 어른이 될 수 없다.'라는 사실을 알고 있기 때문이다. 나는 지금 친분을 유지하고 있는 귀인들과 오랫동안 정을 쌓았다. 거기에 선배들이 인맥 경영의 잠재적인 규칙을 가르치고 훈련해 준 덕분에 나는 인맥 경영에 **빠른 것은 느린 것이고, 느린 것은 빠른 것이다.**'라는 이치가 존재한다는 사실을 알게 되었다.

나는 최선을 다해 끊임없이 내가 지닌 모든 전문성, 가치, 자원을 제공하며 서로의 정을 '깊게 빚어냈다.'

기다리는 과정에서 수확이 없던 것도 아니다. 나는 귀인들의 사업 과정에 참여하면서 매우 얻기 힘든 부자의 사고방식, 사업 비결을 배웠다. 몇 년의 시간이 흐른 후, 서로에게 쌓인 신뢰와 정 덕분에 나는 점차 귀인들의 사업 투자에 참여할 기회가 있었고, 이로부터 한 걸음씩 부를 축적하며 경제적인 자유를 얻었다.

다른 사람의 입을 빌려
자신의 이야기를 하라

예전에 갓 사회에 나왔을 때 나는 배경이나 자원이 하나도 없었기 때문에 모든 일을 나 자신에게 의지해야 했다. 돈도 없고, 인맥도 없어서 참석할 만한 접대 자리가 있으면 반드시 나가서 더 많은 사람과 만날 기회를 손에 넣었다.

당시 나는 아직 젊었기 때문에 종종 접대 자리를 휙 둘러보면 내가 그 자리에서 가장 어리고 경력도 낮은 사람이었다. 물론 가장 가난한 사람이기도 했다. 당시의 나는 용기를 내어 모두에게 말을 건네고 명함을 주고받으면 더 많은 사람과 귀인을 알게 될 거로 생각했다.

일반적으로 접대 자리에 도착하면 나는 명함을 가지고 그 자리에 있는 모든 사람에게 돌렸다. 그 사람들이 반응해 주면서 자신의 명함을 내게 주고 서로 아는 사이가 되기를 바랐다.

그런데 이상하게도 모두가 나의 명함만 받고 기껏해야 살짝 웃어 주며 고개만 끄덕일 뿐 자신의 명함은 건네주지 않았다. 내가 먼저 입을 열어 명함을 요청하면 대부분 이렇게 대답했다.

"이런, 오늘 제가 명함을 가져오는 걸 깜빡했네요."

아니면 개인 휴대폰 번호는 없고 회사 전화번호만 적힌 명함을 건네주었다…….

당시에 나는 아예 휴대폰을 꺼내서 상대방에게 전화번호를 요청하기도 했는데…… 지금 생각하면 그때의 나는 정말 너무 눈치가 없었다.

인간관계가 벌어지는 현실 사회에 공평한 원칙이란 존재하지 않고, 차별 없는 기회는 더더욱 없다. 모두가 '이모저모로 저울질을' 당한다. 당신이 나타난 순간부터 모든 사람은 당신을 훑어보며 '사회적 지위'와 '재력', '실력'을 관찰하기 시작한다. 만약 당신에게 별다른 배경이 없다면 다른 사람과 즉시 흉금을 터놓고 친구가 되기란 불가능하다.

명함을 교환할 때 만약 상대방이 자신의 명함이나 휴대폰 번호를 주지 않는다면 이는 상대방이 당신을 아직 그럴만한 '인재'가 아니라고 생각한다는 뜻이다. 이때 상대방에게 명함을 억지로 달라고 하면 당신이 세상 물정 모르는 사람이라는 사실만을 드러내고 당신만 난처해질 뿐이다.

내가 앞서 이야기했던 '바이러스형 인간' 이론을 기억하는가? 모든 중요한 인물은 바이러스형 인간이 접근하는 것을 가장 두려워한다. '바이러스형 인간'이 자신의 인맥 안으로 침투할까 걱정하는 것이다. 일단 그런 인간에게 감염되면 가볍게는 경제적인 손해를 보고, 무겁게는 지위도 명예도 잃게 된다. 일반적으로 그들은 가난한 사람을 바이러스형 인간으로 '추정'한다. **'부자는 가난한 사람이 달라붙을까 봐 두려워한다.'**라는 말이 바로 이런 이치다.

그래서 어떤 젊은이들은 중요한 인물에게 존중받기 위해 돈을 많이 들여 치장한다. 전신을 명품으로 휘감고, 모든 재산을 다 털어 BMW나 벤츠 같은 고급 승용차를 사고 명품이 '자신을 보호'해 주니까 거물들의 인맥 안으로 들어갈 수 있다고 생각한다……. 그런다고 당신이 대단한 인물로 보일 것 같은가?

사회 경험이 풍부한 거물들의 눈에 당신은 마치 벌거벗은 어릿광대처럼 우습게만 보일 뿐이다.

실제로 우리가 컴퓨터에 바이러스 방지 프로그램을 설치하는 것처럼 중요한 인물은 인간관계를 맺는 과정에 '안티바이러스 프로그램'을 장착하고 있다. '안티바이러스 프로그램'은 바로 그들이 신뢰하는 사람이다. 이러한 사람이 '소개'한 새 친구만을 사귀고, 안티바이러스 프로그램의 '검사'를 거친 사람만이 그들의 인맥에 들어갈 수 있는 통행증을 얻는다.

그러므로 젊은이들은 모든 사람에게 명함을 돌리느라 서두를 필요 없다. 당신이 안전하고 무해하다는 사실이 확인되지 않는 이상 어떤 노력을 하든, 무슨 옷을 입든, 어떤 가방을 들었든, 날아 올라 하늘을 뚫을 수 있다고 허풍을 떨든 당신은 인맥 밖으로 배제 된다. 이때 당신은 당신을 그 자리에 데려온 선배에게 의지해 그가 당신을 다른 사람에게 소개하도록 해야 한다.

다른 사람의 입을 빌려 자신의 이야기를 하라.

사람들과 교제하는 자리에서 가장 금기시되는 것은 자화자 찬이다. **당신은 자기소개를 하느라 필사적으로 몇백 마디의 말을 하지만 이는 사회적 지위가 있는 선배의 한마디 말을 이기지 못한 다.** 그러므로 선배의 입을 빌려 자신을 소개하도록 하는 스킬을 배 우는 게 매우 중요하다.

선배가 대신 당신을 소개하면 안티바이러스 프로그램을 통과 하는 효과를 발휘한다. 그 밖에도 차분하고 진중하면서 겸손한 당 신의 장점을 부각할 수 있다. 다른 사람들이 당신이라는 젊은이에 게 주목하게 만들어야 당신의 이름이 그들의 머릿속에 각인된다.

선배가 과연 당신을 소개하기 위해 입을 열어줄지 아닌지는 평소 당신 쌓아온 사람 됨됨이에 달려있다.

설령 선배가 소개해 주었다고 해도 당신이 중요한 인물의 연 락처 정보를 바로 얻을 수 있는 것은 아니다. 이는 지극히 정상적인 일이다. 당신은 그저 안티바이러스 프로그램만 통과했고, 기껏해야 안전한 프로그램이라는 사실이 증명되었을 뿐 그렇다고 당신이 '유용한' 프로그램이라는 말은 아니기 때문이다. 간단하게 말해서 당신은 안전한 사람일 뿐 중요한 인물의 눈에는 여전히 '인재'가 아니다.

이때는 서두를 필요 없다. 마음을 가라앉히고 한번 생각해 보자. 당신이 중요한 인물의 휴대폰 번호를 손에 넣는다면 정말 직접 연락할 수 있겠는가? 그들과 식사나 차를 마실 약속을 할 수 있겠는가? 아니면 염치 불고하고 계속 남의 사무실을 '방문'할 것인가? 제대로 생각해 보고 나면 이때 억지로 얻은 휴대폰 번호에 특별한 의미가 없다는 사실을 알게 될 것이다.

옛사람을 붙잡아야 새로운 사람도 붙잡을 수 있다.

많은 젊은이가 중요한 인물과 아는 사이가 되면 가만히 있지를 못하고 전력을 다해 곁에 접근하려고 한다. 그러나 내가 앞서 말한 것처럼 이는 아무 소용이 없다. 왜냐하면 중요한 인물의 주위에는 '파리'가 넘쳐나기 때문이다. 그런데 굳이 상대방의 새로운 파리가 될 필요가 있을까?

실은 당신은 원래 알고 지내던 선배와 좋은 관계를 유지하기만 하면 된다. 그러면 이미 중요한 인물과 간접적으로 '연결'된 것이나 마찬가지다. 이를 두고 '**격산타우**(隔山打牛. 산을 때려 소를 친다는 뜻으로 간접적인 방법으로 영향을 미침을 뜻하는 말-역주)'라 하는 것이다.

선배의 소개만으로도 이미 당신은 중요한 인물의 머릿속에 인상을 남겼다. 끊임없이 자신의 가치를 향상하고 자신의 '이용성'을 강화하기만 하면 언젠가 중요한 인물은 당신을 필요로 하게 된다. 그전에는 인내심 있게 기다리는 법을 배워야 한다.

영화 '워리어스 레인보우'의 오프닝에서는 말한다.

"좋은 사냥꾼은 조용히 기다릴 줄 알아야 한다."

당신에게 임무가 주어졌을 때, 그것을 적절하게 처리해야 한다는 사실을 꼭 기억하라. 이것이 제일 중요하다.

일을 잘 처리하기만 하면 당신은 중요한 인물과 더 깊이 접하고 서로를 이해할 기회를 얻을 수 있다. 그러면 당신을 소개해 준 선배도 체면을 차릴 수 있다. 선배는 당신을 더 많은 사람에게 소개하고 싶어지고, 이는 다양한 방면에서 서로에게 유리하다. 한 차례, 또 한 차례 맡은 임무를 원만하게 달성할 때마다 중요한 인물은 당신을 '인재'라 생각하게 될 뿐만 아니라 더 많은 사람에게 소개해 주고 싶어 할 것이다. 이렇게 당신의 귀인이 계속 나타나는 것이다.

얕보이는 것도
때로는 좋은 일이다

사람은 누구나 자기가 다른 사람들에게 중요한 사람으로 인식되기를 바란다. 그러면서 혹시 남이 나를 얕보지는 않을까 걱정하고, 남에게 얕보이는 건 체면이 떨어지는 일이라고 생각한다. 특히 젊을수록 체면을 중요한 일로 여기고 심지어 체면 때문에 다른 사람과 사이가 틀어지기도 한다.

그러나 사실 때로는 얕보이는 게 좋은 일일 수도 있다.

나는 아주 젊었을 때 창업을 했다. 몇 년간의 노력을 거친 끝에야 점차 업계에서 두각을 드러내고 약간 유명해졌다. 사실 나는 성장 환경 때문에 어렸을 때 사귀었던 선배나 친구들이 어른이 되어서 불량배가 된 경우가 많았다. 그들은 술집을 개업하거나 다른 사람의 사업장에서 보안을 유지하는 일을 하고, 대부분 8대 업종(도우미 동반 노래방, 특수 다방, 온천, 무도장, 도우미 동반 무도장, 주점, 바, 클럽을 의미-역주)에서 일한다. 이러한 형제들은 법률적인 문제가 생기면 가장 먼저 나를 떠올린다. 모두 나의 법률적인 의견을 듣고 싶어 하지만 나의 전문 분야는 보험이라 그들의 안건을 맡을 수는 없다. 그렇지만 여전히 우정을 봐서 그들에게 정확한 법률적 개념을 가르쳐 주고 의견을 말해 준다.

한번은 가깝게 지내는 선배가 연락해 왔다. 선배는 술집을 경영하는데 그 업계에서는 '아디자이(阿弟仔)'라 불린다. 동료를 한 명데리고 나를 찾아온 선배는, 동료에게 법률적인 문제가 생겨서 나의 의견을 듣고 싶다고 했다.

선배의 동료는 '슝거(熊哥. 직역하면 '곰 형'이라는 뜻-역주)'라 불렸는데 그 칭호와 체격으로 미루어 보아 '보안'일에 종사한다는 사실을 짐작할 수 있었다. 슝거는 정중하게 나에게 인사를 건넨 후자신의 문제를 이야기하기 시작했다.

"우리 어머니가 예순이 넘으셨는데 싼충 지메이제(集美街)에서 센수이지(鹹水雞. 삶은 닭에 채소, 향신료 등을 넣고 버무려 먹는 요리-역주)를 파세요. 어느 날 밤에 경찰이 노점상 단속을 나왔는데 어머니는 몸이 안 좋으셔서 도망가지 못하고 경찰에게 벌금 딱지를 떼였어요. 그런데 경찰이 계속해서 우리 어머니를 괴롭힌 거예요. 마침 제가 오토바이를 타고 지나가다가 보고 즉시 상황을 해결하러 나섰죠. 그런데 경찰이 저를 보자마자 신분증 검사를 하는 거예요. 저는 잠깐 뭘 사러 나온 상황이라 신분증을 갖고 있지 않다고 했더니 저를 억지로 경찰서로 연행해 갔어요. 그래서 경찰과 충돌이 빚어졌고, 경찰들은 심지어 우리 어머니를 밀쳐서 바닥에 넘어뜨리고 강제로 경찰서로 데려갔다니까요."

"특별히 법률적인 문제는 없는 것 같은데요. 다만 경찰들이 공무를 집행하는 수단에는 논란의 여지가 좀 있네요."

내가 대답했다.

"그렇다니까요. 정말 괘씸하죠. 우리 어머니는 병원에 가서 상해 진단서까지 떼야 했어요."

"진짜 악랄했네요. 노점 단속을 하면서 굳이 폭력을 쓸 필요가 있나요."

나도 약간 화가 나기 시작했다.

"더 괘씸한 건 경찰들이 저와 어머니를 공무 집행 방해죄로 고발했다는 거예요."

"공무 집행 방해죄라니요. 듣자 하니 당신과 어머니야말로 피해자인데요."

"쉬 변호사님이 싼충에 인맥이 넓으셔서 분명 방법이 있을 거라고 들었거든요. 근데 참 젊으시네요. 정말 도와주실 수 있나요?"

승거가 약간 미심쩍은 말투로 물었다.

"싼충이오? 그럼요. 어렸을 때부터 싼충에서 살았으니 당연히 사람들을 많이 알고 있죠."

나는 약간 으스대며 대답했다.

"검찰 쪽에서는 우리더러 경찰들과 화해하라고 하는데, 아무래도 어느 정도 힘이 있으신 분이 중간에서 협조해 주시는 게 좋을 것 같아요. 혹시 그래 주실 수 있나요? 억지로 밀어붙이지는 않겠습니다. 아직 젊으시니 이렇게 큰일을 처리할 방법이 없으실 수도 있지요."

"제가 왜 처리를 못 해요?"

나는 즉시 대꾸했다.

"경찰이 그렇게 괘씸하게 군 데다가 고소까지 했잖아요. 다른데라면 몰라도 쏸충이라면 제가 분명 일 처리를 도울 수 있을 겁니다."

혈기 왕성했던 나는 자신만만하게 대답했다.

나는 줄곧 '아디자이' 선배가 옆에서 눈치를 주고 있다는 사실을 알아차리지 못했다……

나는 두 사람을 배웅한 후 경찰의 불공평한 행위에 반드시 정의를 실현해야 한다고 생각했다.

그러나 몇 분쯤 흐른 후, 변호사로서의 직감이 나 자신에게 사건이 그렇게 단순하지는 않을 거라고 말하고 있었다. 게다가 나는 당시 겨우 스물여섯 살이었다. 사실 나에게는 내가 말한 것처럼 그렇게 넓은 인맥은 없었다.

그런 생각이 들자 불안감이 밀려왔다. 그러나 나는 이미 맡겨 달라고 대답했고, 길거리 형제들 사이에서는 약속을 번복하는 것이 금기사항이었다. 그렇게 되면 괜한 미움만 사고 결국에는 상황을 수습하기가 더 힘들어진다.

이때 휴대폰이 울리기 시작했다. '아디자이' 선배로부터 걸려온 것이었다.

'아위안, 왜 제대로 알아보지도 않고 일을 맡겠다고 대답한 거야?'

선배가 초조해하며 물었다.

"세상일은 그렇게 처리하는 게 아니야. 한 번 당하고 얕잡아 보였다고 바로 강경하게 나서면 일이 터지기 쉽다고. 때로는 얕잡아 보이면 그런대로 내버려 두는 게 괜한 일에 휘말려서 이러지도 저러지도 못하는 것보다 나아. 그리고 내가 계속 옆에서 눈치를 줬는데 알아차리지 못했어?"

선배가 훈계하는 투로 말했다.

선배와 통화를 끝낸 후 나는 더욱 불안해졌다. 게다가 후회까지 더해졌다. 나는 즉시 전화를 걸어 싼충의 '유력 인사'에게 나와 함께 경찰서에 가달라고 부탁했다.

경찰서에 도착해서 우리가 경찰서를 찾아온 연유를 밝히자 경찰은 나를 의아하게 바라보며 물었다.

"쉬 변호사님, 우리 경찰들은 변호사님의 분투를 아주 높이 사고 있습니다. 게다가 종종 젊은 신입들을 격려하면서 쉬 변호사님을 본보기로 삼아야 한다고 이야기하고요. 그런데 도대체 왜 그런 일로 찾아오신 겁니까?"

"사건의 실제 정황은 어떤가요?"

나는 경찰의 의아한 시선에 놀라서 물었다.

"그날 저녁에 저희 동료 셋이 지메이제를 순찰하러 나갔는데, 노점 금지 구역에서 센수이지를 팔고 있는 노부인을 발견했어요. 벌금을 떼러 갔는데 노부인이 극도로 비협조적이어서 말싸움이 일었고요. 얼마 안 가서 숭거라는 사람이 와서 더 큰 싸움이 일었어요. 심지어 우리 동료 중 한 사람에게 손을 댔고요. 다른 두 사람은 숭거를 저지하다가 상처도 입었어요. 숭거가 무기로 공격하려고 해서 우리는 총으로 위협하면서 저지했고요. 그때 노부인이 옆에 있던 의자로 제 동료를 내리치고, 가위를 가져와 우리를 공격했어요. 우리는 열심히 방어했는데 갑자기 노부인이 바닥에 주저앉았고요."

경찰관이 분개하며 당시의 상황을 묘사했다.

"변호사님, 도대체 왜 그 사람들을 도우시려는 겁니까?"

경찰관이 질책하는 듯한 말투로 물었다.

진상이 밝혀진 후, 나는 한순간 할 말을 잃었다. 나와 동석한 '유력 인사'도 아무 말이 없었다……

나와 '유력 인사'가 간곡히 부탁한 끝에 한참이 지나서야 세 명의 경찰관은 결국 우리의 체면을 보아서 더 이상 상해죄를 추궁하지 않기로 했다. 그러나 '체면'을 차리기란 쉽지 않았다. 나는 이런 일에 나선 것이 너무 부끄러웠다. 나와 함께 와 준 '유력 인사'에게도 너무 미안했고, 심지어 호되게 훈계를 들었다.

그 이후로 나는 다른 사람의 부탁에 항상 시간을 들여 진상을 이해한 후 개입하게 되었다. 내가 상황을 제대로 파악하지 못했을 때는 반드시 바로 상대방에게 알리고, 내 능력에 한계가 있다고 성실하게 설명한다. 괜한 허세를 부리며 나서는 버릇은 다시는 드러내지 않는다. 명성을 쌓기는 어렵지만 무너지는 것은 하루아침이기 때문이다. 부당하게 나서는 것은 나를 실패로 몰고 갈 뿐만 아니라 화를 자초할 가능성도 있다.

얕잡아 보이기를 좋아하는 사람은 없다. 특히 젊은 사람일수록 항상 자신감이 과도해서 자기에게 못 할 일이 없다고 생각하고, 절대 얕잡아 보는 것을 허락하지 않는다. 그래서 종종 자기 능력과 인맥으로 허세를 부린다. 사실 얕잡아 보이는 게 더 좋은 일일 수도 있다. 괜한 일에 휘말리지 않고 평온하게 살아갈 수 있기 때문이다. 당신이 황금이라면 분명 언젠가는 빛을 발할 날이 있을 것이다. 자신을 증명하려 서두르지 말자. 특히 '입'으로만 증명하는 일은 없어야 한다.

자기 일을 존중해야
다른 사람도 당신을 존중한다

최근 나는 대만 남부 지역에 강연을 다녀왔다. 기차역에 도착한 후 역을 나서자 줄줄이 늘어선 택시들이 너무 많아서 깜짝 놀랐다. 내가 택시 정류장에 가까이 다가가니 수십 명의 기사들이 우르르 몰려왔고, 나는 바로 한 기사에게 '이끌려' 택시에 오르게 되었다.

택시에 오르자 기사는 나에게 말을 걸기 시작했다. 비록 나는 몇 시간이나 기차를 타고 왔기 때문에 피곤해서 잠을 자고 싶었지만 억지로 몇 마디 대꾸해 주었다. 그때 국회의원 보궐선거 노래를 틀어놓은 선거 운동 차량이 내가 탄 택시 옆을 지나갔다.

기사는 갑자기 흥분하기 시작하며 현지의 정세와 각 후보의 당락을 분석하기 시작했다. 갈수록 어조가 고양되고 흥분하더니 결국에는 상대 진영 후보를 이야기하면서 욕설까지 했다.

기사는 걸핏하면 내 의견을 물었지만 내가 말을 꺼내기도 전에 자기가 먼저 이야기를 채가서 나는 끼어들 틈이 없었다. 나는 인내심을 꾹 누르며 될 수 있는 한 빨리 목적지에 도착하기를 빌었다. 드디어 목적지에 도착해서 내리는 순간, 기사는 나에게 현지 친구들에게 선거 운동을 할 것을 권유하며 반드시 2번을 찍으라고 했다. 나는 정말 할 말을 잃었다…….

강연을 마친 후 나는 또 택시를 타게 되었다. 남부 지역에서 과일 도매업을 하는 리(李) 회장님을 방문하기 위해서였다. 택시를 탔을 때, 기사는 친근하게 내게 말을 걸어왔다.

"젊은이, 어디 가시나?"

나는 깜짝 놀라서 똑같은 방법으로 대꾸해 주었다.

"중정루(中正路)요."

택시에 타고 난 후에야 나는 기사가 러닝셔츠와 반바지를 입고, 맨발로 페달을 밟고 있다는 사실을 발견했다. 게다가 빈랑(빈랑나무의 열매)을 씹으며 가수 왕차이화(王彩樺)가 히트시킨 '보비'를 불렀다. 택시 안 '분위기'가 아주 후끈 달아올랐다. 대만 지역 특유의 분위기를 나는 받아들일 수 있었다. 어차피 나도 대만인이니까. 다만 기사는 속도 표지판이나 앞뒤 차량을 살피는 게 아니라 '보비' 선율에 맞춰서 들쑥날쑥 속도를 냈다.

'보비, 보비, 보비, 보비, 보비, 보비, 보비 아~ 보비, 보비, 보

비, 보비, 보비, 보비, 아아.'

노래가 클라이맥스에 달했을 때는 방금 빨간불로 바뀐 사거리를 가속해서 지나갔다. 나는 노래의 선율이나 리듬을 감상할 마음이 전혀 없었다. 그저 무사히 목적지에 도착하기만을 바랐을 뿐……

다행히도 관성제군과 삼태자(三太子. 중국 도교의 신 중 하나인 나타를 가리킴-역주)의 보우 덕분에 나는 멀쩡히 '택시'에서 내릴 수 있었다.

방문을 마치고 나는 고속철도를 타고 타이베이로 돌아갈 예정이었기 때문에 현지 친구에게 택시 한 대를 불러 달라고 했다. 택시에 탄 후, 앞선 몇 번의 경험 때문인지 원래는 기사에게 별다른 기대를 하지 않았다. 그런데 생각지도 못하게 기사는 나에게 정치 이야기를 꺼내지도 않고 나를 충분히 쉴 수 있게 해주었다. 그리고 음악 선율에 따라 액셀러레이터를 밟지도 않았다. 차를 멈출 때도 뒷좌석의 승객을 배려해 가볍게 브레이크를 밟아서 정말 '안심'할 수 있었다. 나도 모르게 칭찬이 튀어나왔다.

"기사님, 운전을 아주 잘하시네요. 기사님이 운전하시는 택시를 타게 되어서 정말 좋은데요."

그런데 이상하게도 기사는 아무런 반응이 없었고, 나를 상대해 주지 않았다. 나는 너무 작은 목소리로 말했나 싶어 소리를 좀 더 높여 이야기했다.

"기사님, 운전을 너무 잘하신다고요."

어라? 들은 척도 안 하시네. 내가 뭐 잘못했나? 나한테 신경을 쓰지 않는 것 같으니 택시에서 조용히 쉴 수 있겠다는 생각이 들었다.

기사가 운전을 잘하는 데다 워낙 피곤했기 때문에 나는 고속철도역까지 계속 잠을 잤다. 역에 도착했을 때, 기사는 나를 흔들어 깨워 주고 재빨리 택시에서 내려 트렁크에 실린 나의 짐을 내려 주셨다. 기사의 서비스에 감사하는 의미로 나는 미터기에 나온 요금 외에도 팁으로 200달러를 챙겨드렸다. 기사는 매우 기뻐하며 연신 고개를 꾸벅여 감사를 표했다. 그러면서 손가락으로 자기 귀를 가리켰다. 그제야 나는 기사가 청각장애인이라는 사실을 발견했다. 그래서 나의 칭찬에도 아무런 대답이 없으셨던 거다. 나는 마음속 깊이 존경심이 피어올랐다.

나는 백지를 한 장 꺼내 메모를 적어 건넸다.

'사람은 자기 일을 존중해야 다른 사람도 존중해 주는 법이지요. 자기 일에 최선과 책임을 다하시는 기사님, 저는 기사님을 정말 존경합니다. 다음에도 기사님이 운전하시는 택시를 타게 되었으면 좋겠습니다.'

나는 야두리즈(亞都麗緻)의 전 총재 옌창서우(嚴長壽) 선생의 이야기를 기억하고 있다. 옌 선생이 아메리칸 익스프레스에서 심부름꾼으로 일했을 때, 다른 회사의 심부름꾼들은 티셔츠와 청바지를 입고 운동화를 신고 뛰어다니는데 옌 선생은 정장에다 가죽구두를 신고, 넥타이를 매서 자신을 단정한 젊은이로 보이게 했다고 한다. 옌 선생은 비록 직업은 비천하지만 **'절대 스스로 자신을 얕잡아 보아서는 안 된다.'**라고 생각했다.

옌 선생은 옷을 갖춰 입어가며 자기 자신을 존중했다. 사소한 일이든 중대한 일이든 혹은 다른 사람이 원하지 않거나 콧방귀도 뀌지 않는 일이든 가리지 않고 상사가 시킨 일이라면 전부 즐겁게 해내며 자기 자신을 **'업무의 쓰레기통'**으로 여겼다. 시간이 흐른 후, 결국 다른 사람들은 옌 선생의 노력을 알아 주게 되었고, 회사의 대표는 그를 높은 직급으로 승진시켰다.

심부름꾼이 무슨 옷을 입는지는 별로 중요하지 않은 일일지도 모른다. 어쩌면 택시 기사가 노래를 흥얼거리거나 정치 이야기를 하고, 자기 마음대로 속도를 내는 것 또한 별로 중요하지 않은 일일지도 모른다. 그러나 이렇게 사소한 일이 사람의 차이를 결정하고, 판이한 인생의 기회를 결정한다.

한참 시간이 흐른 후 나는 다시 남부 지역에 리 회장님을 만나러 가게 되었다. 리 회장님과 한담을 나누다가 나는 그 특별했던 택시 기사를 언급했다.

"린자이(林仔) 얘기인가 보군. 린자이는 정말 괜찮은 사람이지. 비록 귀는 들리지 않지만 아주 성실해."

리 회장님이 매우 기뻐하며 말했다.

"그래서 나는 매번 손님이 찾아올 때마다 린자이를 부르지. 안심하고 일을 맡길 수가 있거든."

"회장님도 알고 계셨군요. 지난번에 그 기사님이 고속철도역까지 태워 주셨을 때 서비스가 정말 만족스러웠어요."

나는 대답했다.

"오늘도 린자이 기사님이 운전하는 택시를 타고 고속철도역으로 가고 싶네요."

"허허, 아마 그럴 기회는 없을 걸세."

리 회장님이 웃으며 말했다.

"내가 이미 린자이한테 내 친구 차이(蔡) 회장의 개인 운전을 맡겼거든. 운전을 잘하는 데다 서비스도 좋으니까. 더 중요한 건 린자이가 청각장애인이라 차이 회장이 택시에서 안심하고 통화를 할 수 있다는 거야. 그래서 차이 회장은 한 달에 6만 달러를 기꺼이 지급하고 린자이에게 운전을 부탁했네."

대만의 한 택시 회사는 막 설립했을 당시 모든 기사에게 택시 기사의 안 좋은 이미지를 불식하기를 엄격히 요구했다. 운전을 할 때는 양복을 갖춰 입고, 손님의 노선을 존중해 길을 돌아가지 않고, 정치 이야기를 하지 않고 먼저 나서서 짐을 운반해 주는 것 등이었다.

처음에는 수많은 택시 기사가 많은 불평을 하며 너무 귀찮은 요구라고 생각했다. 그러나 회사는 강력한 고객 자원을 확보할 수 있었고, 끊임없이 기사들에게 교육과 훈련을 진행하고 소통한 끝에 설립 초기 몇 년 동안의 진통기를 견뎌내고 결국 좋은 결과를 얻었다.

이 택시 회사는 대만 택시업계 최고의 브랜드를 만들어 냈을 뿐만 아니라 소속 기사들도 손님들의 긍정과 존중을 받았다. 나 또한 매일 통근할 때 이 택시 회사의 택시만 탄다. 바로 이런 서비스 덕분에 수립된 브랜드 파워로 택시업계에 대한 부정적인 이미지를 쇄신시킨 것이다. 이 택시 회사는 나중에 상장되었고, 비범한 역사를 써 내려 가는 중이다.

직업에는 본래 귀천이 없다. 당신이 자기 직업을 대하는 태도가 귀천을 결정한다. 당신이 어떤 직업에 종사하고 있든 자기 일을 존중할 줄 아는 사람만이 다른 사람의 존중을 받는다.

괜찮지 않은 일은 없다,
다 잘될 것이다

평소에 나는 깔끔한 느낌이 좋아서 매우 짧은 헤어스타일을 고수한다. 그래서 3주에 한 번씩 헤어디자이너를 찾아간다.

평소와 다름없던 어느 날, 나는 오후에 짬이 나서 머리를 자르러 시먼딩(西門町)에 있는 헤어디자이너 켈리(Kelly)를 찾아갔다. 보아하니 켈리가 너무 바쁜 것 같아서 나는 자리에 앉아 잡지를 읽으면서 기다렸다. 약 20분쯤 후, 켈리가 나에게 와서 말했다.

"쉬 선생님, 제 후배가 머리를 먼저 감겨 드리게 할게요. 귀가 잘 안 들리는 청각장애인인데, 머리를 아주 잘 감겨요. 두피 마사지도 정말 잘하고요. 부디 제 후배에게 기회를 주세요."

"그러세요. 전 괜찮아요."

나는 아무 불만이 없었다.

잠시 후, 예쁘게 생긴 아가씨가 내 앞에 나타나 알아듣기 힘든 발음으로 내게 말했다.

"쉬 선생님, 안녕하세요. 저는 첸첸(芊芊)이라고 해요. 머리를 감겨 드려도 될까요?"

아가씨가 말하는 것을 듣고 나는 방금 켈리가 말한 그 후배라는 사실을 알아차렸다. 나는 머리를 감는 의자에 누웠다.

보통 머리를 감겨 주는 직원은 머리를 감겨 주면서 손님과 대화하는데 첸첸은 청각장애 때문에 표현 능력에 큰 장애가 있었다. 비록 내가 몇 마디 대화를 시도해 보았지만 첸첸은 보청기를 끼고 있는데도 내가 하는 말을 완전히 알아듣지는 못하는 것 같았다.

우리는 계속 침묵을 유지했는데 나는 이것도 괜찮다는 생각이 들었다. 아침부터 오후까지 강의하느라 피곤했는데 이 틈을 타서 긴장을 풀고 쉴 수 있으니까. 첸첸이 머리를 감겨 주기 시작했을 때 나는 긴장이 풀리는 기분이 들었다. 두피 마사지 기술은 켈리가 말한 것처럼 정말 최고였다.

머리 감기기는 미용업계에서 가장 초보적인 과정이고, 가장 단조로운 일이기도 하다. 일반적으로 젊은 여성 직원은 손님과 이야기를 나누는 것으로 무료한 업무를 때운다. 대충 머리를 감기고 헹구고, 아무렇게나 마사지를 해주면 끝이다.

그러나 첸첸은 달랐다. 첸첸은 최선을 다해 머리를 감겨 주었고, 나는 지금껏 이런 기분을 느껴 보지 못했다. 두피 마사지 기술을 봐서는 신입의 서투름이 느껴지지 않았다. 나는 완전히 긴장이 풀렸고, 하루 내내 수업하느라 받은 피로가 말끔히 사라졌다. 머리 감기기가 끝난 후 첸첸은 가볍게 나를 깨웠다. 편안한 나머지 내가 잠이 들고 만 것이다. 정말 대단했다.

너무 편하게 머리를 감은 내가 켈리에게 계속해서 첸첸을 칭찬했더니 켈리가 말했다.

"의사소통에 장애가 있어서 첸첸은 자기가 손님 머리를 감길 기회가 적다는 걸 잘 알고 있어요. 그래서 기회를 아주 소중하게 생각하죠. 그리고 머리를 감기는 동안 손님이 긴장을 풀고 만족할 수 있도록 집중해요. 다른 사람은 대충 5분에서 10분 정도 머리를 감기는데 첸첸은 매번 20분 넘게 머리를 감겨요. 지금까지 첸첸에게 기회를 준 손님들은 다들 똑같은 반응을 보이셨어요."

머리를 다 자르고 첸첸이 헹구어 줄 때 나는 휴대폰에 이렇게 썼다.

"첸첸, 수화로 '감사하다'는 말을 어떻게 표현하는지 가르쳐 줄 수 있어요?"

첸첸은 부끄러워하며 미소를 짓더니 오른손을 들고 주먹을 쥔 다음 엄지손가락을 곧게 펴서 위아래로 움직였다. 내가 손을 들고 첸첸의 동작을 따라 하자 첸첸은 내게 고개를 끄덕이며 알아들었다는 표시를 했다.

이것은 내가 처음으로 배운 수화였다. 운명에 굴복하지 않고 계속 분투해 온 젊은 여성에게 감사를 표하기 위한……

 첸첸은 선천적인 청각장애를 가지고 태어났다. 최고의 헤어디자이너가 되겠다는 꿈을 품었지만 미용업계에는 엄격한 사도제도가 있어서 반드시 선배 헤어디자이너의 가르침을 받아야 한다. 그러나 첸첸은 소통에 문제가 있기 때문에 가르쳐 주겠다는 헤어디자이너가 별로 없었다.

 그래서 첸첸은 매우 열심히 손님들의 머리를 감겨 주게 되었다. 만약 헤어디자이너가 짬이 나지 않으면 짬이 날 때까지 손님을 계속 안마해 주었다. 첸첸의 노력은 손님들을 만족시켰고, 헤어디자이너에게 큰 도움이 되었기 때문에 켈리는 특별히 많은 시간을 할애해서 첸첸을 가르쳐 주고 있었다.

 비록 헤어디자이너가 되는 길에서 첸첸은 다른 사람보다 몇 배, 혹은 몇십 배가 되는 노력을 해야 했지만 전혀 위축되지 않았다. 첸첸에게 반드시 성공할 거라고 보장해 주는 사람은 없지만 그녀는 단순히 끊임없이 노력하고 또 노력하면 성공할 기회가 있다고 생각했다. 비록 낮은 가능성이었지만 절대 포기하지 않았다.

 결국 나는 미용실을 떠나기 전에 첸첸에게 팁으로 200달러를 건넸다. 이는 적선이 아니라 일종의 격려였다. 이 세상에 누군가가 당신의 노력을 보고 있으니 계속해서 노력해 달라는 뜻이었다.

 나는 켈리에게 종이 한 장을 달라고 부탁했다. 그리고 종이에 메모를 적어 첸첸에게 건네주었다.

'능력이 부족하면 시간으로 극복하면 돼요.

체력이 부족하면 의지로 극복하면 되고요.

이 세상에 괜찮지 않은 일은 없어요, 다 잘될 거예요.'

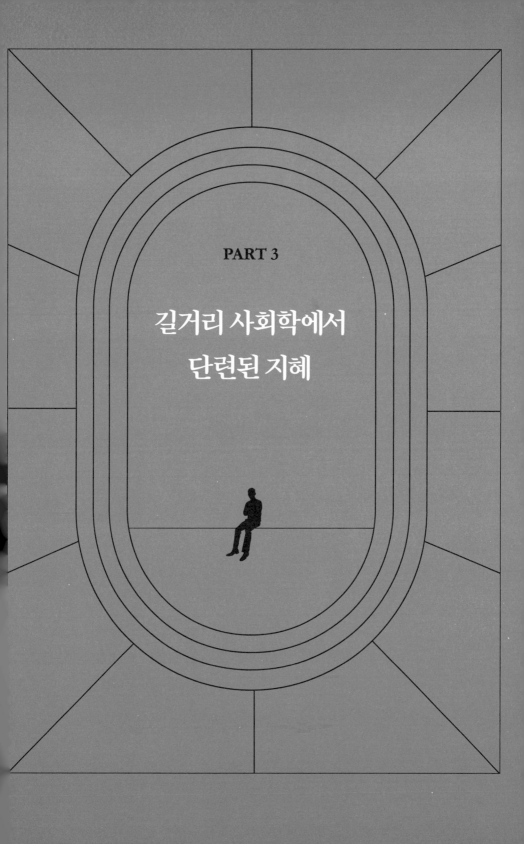

PART 3

길거리 사회학에서
단련된 지혜

미안하다고 사과해도
해결되지 않는 일이 있다

더룽(德蓉)은 장화(彰化) 출신으로 남동생과 여동생이 한 명씩 있다. 아버지가 일찍 세상을 떠나서 네 식구의 생계는 환경미화원으로 일하는 어머니가 홀로 책임지셨다. 어렸을 때부터 가정형편이 좋지 않았지만 다행히도 일찍 철이 든 삼 남매가 집안일을 도와서 어머니의 걱정을 덜어드렸다.

더룽은 장녀였기 때문에 어려서부터 동생들을 보살피는 일을 책임졌다. 고등 직업학교를 졸업한 후에는 어머니를 도와 가계를 분담하려고 일찌감치 사회에 진출했다. 친구의 소개로 더룽은 타이베이에서 무역회사 사무보조원으로 일했다. 일을 잘하고 성실해서 회장으로부터 높은 평가를 받았고, 생활도 점차 안정되기 시작했다.

수많은 오너들이 가장 좋아하는 운동은 바로 골프다. 오너들은 대부분 골프팀을 만들어 적어도 한 달에 한 번은 함께 모여 골프를 치고, 특별히 외국에 나가서 치기도 한다. 이러한 골프팀 활동은 모두 골프팀의 총무가 안배를 책임지고, 모든 팀원에게 연락해 확인한다. 일이 아주 번거롭고 총무 또한 오너인지라 평소에 매우 바빠서 이런 자질구레한 일을 할 시간이 없어서 '골프팀 전담 비서'를 필요로 하게 되었다.

리 회장님의 소개로 더룽은 오너들이 속한 골프팀 전담 비서를 맡게 되었다. 월급은 32,000달러로, 연말 보너스가 보장되고 명절마다 보너스가 2천 달러였기 때문에 상당히 괜찮은 일이었다.

더룽은 어렵게 얻은 기회를 소중히 했다. 골프장, 레스토랑, 여행을 확실하고 진지하게 책임지고 안배했다. 팀원들과의 연락도 매우 예의 바르게 진행했고, 신분에 걸맞게 행동해서 모든 팀원의 깊은 신임을 얻었다. 그 밖에도 골프팀의 회원비가 전혀 저렴하지 않았기 때문에 재무관리가 상당히 중요했는데, 이 일을 전담 비서가 책임졌다.

더룽은 어렸을 때부터 가난했기 때문에 '근검절약하는' 능력이 매우 강했다. 그래서 팀원들 대신 적지 않은 경비를 절약해 주었다. 골프팀은 더룽의 능력 덕분에 이익을 남기기 시작했고, 모두 골프팀에서 더룽을 받아들인 게 아주 잘한 일이라고 입이 마르게 칭찬했다.

몇 년 후, 더룽은 골프팀 관리 업무가 능숙해졌을 뿐만 아니라 골프팀에 유익한 제도를 수없이 만들었고, 다른 팀원들은 더룽이 하는 방식을 보고 배워서 따라 하기도 했다. 이에 골프팀의 오너들은 다들 더룽을 마음에 들어 했고, 동시에 팀 관리 경비와 잉여금도 점차 수백만 달러씩 쌓이기 시작했다.

골프팀은 더룽의 적절한 관리로 원활하게 운영되었다. 각 임기에 회장, 비서, 재무를 맡은 사람들은 모두 더룽을 매우 신뢰해서 골프팀의 회계를 맡겼다. 그들은 재무 보고서를 확인하기만 하고 은행 잔고와 자세히 대조해 보지는 않았다.

골프팀은 타이베이의 쉐라톤 호텔에서 설립 10주년 축하연을 열었다. 그리고 당일 저녁에 회장 인수인계 행사를 치렀는데 더룽의 전 고용주였던 리 회장님이 골프팀 회장 자리를 이어받게 되었다. 그날 쉐라톤 호텔에 초대받은 팀원들만으로 거의 50개나 되는 테이블을 차지할 정도로 연회는 성대하게 진행되었다. 나는 리 회장님의 친구 자격으로 그 자리에 초대받았다.

리 회장님이 취임 소감을 발표했다.

"우리 골프팀이 설립된 지 10주년이 되었습니다. 팀원도 벌써 60명이나 됩니다. 회장, 간부를 맡으셨던 분들과 우리가 가장 아끼는 능력자 더룽 씨의 노력 덕분에 역대 회장은 기부금을 낼 필요가 없었고, 잉여금도 충분합니다. 제가 수십 년 동안 골프를 쳐 왔지만 이렇게 우수한 팀은 처음입니다."

단상 아래서 우레와 같은 박수 소리가 터졌다.

"우리 회원님들의 표결을 통해 올해에는 모든 회원 여러분께 기념 골프채 세트를 선물하도록 결정되었습니다. 자그마치 3천 달러짜리 골프채 세트입니다. 다들 어떻게 생각하십니까."

단상 아래서는 다시금 우레와 같은 박수 소리가 울려 퍼졌다. 축하연은 이렇게 손님과 주최 측이 모두 즐거운 분위기에서 끝을 맺었다. 현장에서 유일하게 얼굴이 좋지 않았던 사람은 더룽뿐이었다. 저녁 내내 음식도 제대로 먹지 않았다······.

당일 밤 집에 돌아간 후 더룽은 연회의 경비와 사례금을 계산해 보았다. 한 테이블당 평균 2만 달러였다. 테이블이 총 50개가 있었으니 전부 합치면 백만 달러였다. 회장님이 허락한 10주년 기념 골프채는 한 세트당 3만 달러였고, 회원이 60명이니 총 180만 달러가 들어갈 것이었다. 경비를 전부 합치니 280만 달러 정도가 되었다.

정상적인 상황이었다면 골프팀에는 여유가 있었다.

몇 주가 지난 후, 골프채 제작업체가 180만 달러의 정산금을 받으러 왔을 때, 더룽은 다음 달에 정산해 달라고 부탁했다. 제작업체는 리 회장님의 친구였는데 이상한 생각이 들어 리 회장님에게 직접 물어보았다. 리 회장님도 뭔가 이상하다는 생각이 들었다. 골프팀에는 분명히 쓸 돈이 넉넉한데 정산을 왜 다음 달로 미루었을까?

그래서 리 회장님은 더룽에게 은행 장부를 대조해 보자고 요구했고, 그렇게 사실이 드러났다……

알고 보니 더룽은 친구의 유혹을 뿌리치지 못하고 골프팀의 돈을 투자에 변통했던 것이다. 처음 투자를 시작했을 때는 돈이 좀 벌려서 더룽은 월급보다 훨씬 많은 이익을 얻었다. 그래서 더룽은 투자 판돈을 올리기 시작했다. 그러나 몇 년 후, 경기가 침체에 들어서자 점차 손해를 보기 시작했고, 더룽은 계속해서 골프팀의 돈을 횡령해 손실을 막았다. 그러면서 돌려 막기로 도처에서 돈을 빌렸다. 결국 더 이상 버티지 못하게 된 더룽에게는 거액의 손실금을 메울 방법이 없었다. 물론 골프팀에서 횡령한 돈을 쥐도 새도 모르게 돌려놓을 수도 없게 되었다. 이렇게 새어 나간 자금은 자그마치 300만 달러가 넘었다.

욕심을 부릴 때가 당신의 내면이 가장 나약한 때다.

그토록 신뢰했던 더룽이 횡령을 저질렀다는 사실에 모든 팀원이 깜짝 놀라고 실망했다. 당시 나는 변호사 신분으로 사건의 토론회에 참석했다. 더룽은 모습을 드러내자마자 바로 땅에 무릎을 꿇고 하염없이 눈물을 흘리며 모든 사람에게 사죄하고 잘못을 뉘우칠 기회를 달라고 얘기했다. 나는 그 광경을 잊을 수가 없다. 더룽의 집에는 그녀가 벌어오는 월급이 정말로 절실했다……

회원들은 토론을 거친 후 법적인 처벌은 하지 않기로 결정했지만 더룽을 해고하기로 했다.

사회에 진출하고 보면 미안하다고 사과해도 해결되지 않는 일이 있다. 일단 치명적인 실수는 되돌리기 매우 어렵다. 그리고 오랜 기간 조금씩 쌓아온 신뢰는 하루아침에 무너진다.

학교에서 학생이 잘못을 저지르면 선생님들은 교육적 목적이라는 최대의 전제하에 뉘우칠 기회를 준다. 그러나 일단 사회에 나오고 나면 상황이 다르다. 사회는 현실이기 때문에 어느 정도 잔혹한 면이 있다. 그 누구도 당신에게 잘못을 '바로 잡을' 기회를 줄 의무는 없다. 이것은 사회에서의 생존에 중요한 사고방식이다. 만약 이러한 점을 깨닫지 못하면 자기도 모르는 사이에 치명적인 지뢰를 밟을 가능성이 있다. 나중에 가서 후회해도 되돌릴 수 없고, 다시 회복하거나 보충할 기회는 거의 없다.

잔혹한 사회에서 처세의 3대 원칙은 신중, 신중, 또 신중해야 한다는 것이다.

겉모습만 보고 판단하는 사람은
제 손으로 앞날을 끊어 버리지 않도록
조심하라

출장이나 여행을 가면 현지의 특산품을 사와 모두에게 나누어 준다. 최근에 나는 타이난(台南)에 놀러 갔다 왔는데, 평소와 마찬가지로 선배들, 친구들을 위해 현지에서 가장 유명한 슬목어 어육 완자를 사 왔다. 여태까지는 모두 택배로 보냈지만 이번에는 갑자기 기발한 생각이 들어 내가 직접 오토바이를 타고 선물을 전해 주기로 했다. 그러면 더 성의가 있어 보일 것 같았다.

어느 날 오후에 어육 완자를 받은 나는 평소에는 잘 타지 않는 오토바이를 타고 '배달' 여정을 시작했다. 나는 순서대로 타이베이시의 수많은 지역을 방문했고 마지막으로 런아이루(仁愛路)만 남겨두고 있었다. 나를 평소에 돌보아 주는 선배들은 대부분 런아이루에 살고 있었다. 여정은 매우 순조로웠고 마지막 한 곳, 런아이루의 모 유명 호화 주택만 남았을 때 작은 에피소드가 발생했다.

호화 주택 문 앞에 도착했는데 내가 입을 열기도 전에 젊고 건장한 경비가 갑자기 뛰어오더니 무례하게 말했다.

"어이, 오토바이는 여기 세우면 안 돼요."

나는 '어이'라는 호칭을 참 오랜만에 들었지만 그래도 정중하게 설명했다.

"린 대표님께 드릴 물건이 있어서 왔어요. 이 어육 완자를 린 대표님께 좀 전해 주시겠어요?"

경비가 의심스러운 눈초리로 물었다.

"어떤 린 대표님이요? 그분이 당신을 알아요?"

내가 대답하기도 전에 그 사람이 연이어 물었다.

"나는 물건을 대신 전해 주는 사람이 아니에요. 직접 가지고 리셉션 센터로 가세요."

"알겠습니다. 그러면 오토바이를 타고 리셉션 센터까지 들어가고 물건은 담당 여직원에게 전하죠."

"안 돼요. 이곳 안쪽은 이륜차는 못 들어가고 사륜차만 들어갈 수 있어요."

경비가 경멸하듯 말했다.

"좋습니다. 그럼 오토바이는 여기 세워 두고 물건을 전한 다음 바로 나올게요."

"안 돼요. 오토바이는 근처 지정된 주차장에만 주차할 수 있어요. 아니면 규정대로 즉시 경찰서에 보고해서 견인해야 해요. 그 땐 나도 못 도와요."

말을 마친 그의 입가에서 약간 조롱의 의미가 느껴졌다.

사실 나는 내 마음이 평온한 것에 깜짝 놀랐다. 아마 혈기 왕성했던 예전의 나였다면 벌써 경비에게 한마디 했을 것이다. 그러나 나는 혼자 생각해 보았다. 그러게 누가 하필이면 멋진 정장을 입은 쉬 변호사가 아닌 16년이 넘은 오토바이를 탄 꼴로 오라고 했나. 그렇지만 나름 멋있다고 생각하는 운동복을 입었는데. 그런 데다 눈치 없이 사회적인 지위가 명확히 드러나는 호화 주택을 방문했으니. 그래서 나는 그저 화를 삼키고 시키는 대로 고분고분 오토바이를 근처에 세워 놓고 선물을 가지고 들어갔다.

선물을 안까지 운반하고 나와서 오토바이를 타려다가 나는 경비가 여전히 조롱하는 것 같은 표정을 짓고 있는 것을 보았다. 그러나 나는 더 이상 화가 나지 않았다. 분명 빠른 시일 내에 다시 '만날' 것이라는 사실을 알았기 때문이다…….

젊은 경비의 행동을 보고 나는 런아이루의 또 다른 호화 주택 사모님을 알게 된 경위를 떠올렸다.

몇 년 전 어느 날, 나는 타이베이시 중정 스포츠 센터에서 배드민턴을 치고 있었다. 그런데 돌연 우아한 스타일의 숙녀 한 분이 말을 걸어왔다.

"배드민턴을 정말 잘 치시는 것 같은데 혹시 저희를 좀 가르처 주실 수 있을까요?"

흘긋 바라보니 그분의 일행은 다들 초심자로 보였다. 원래 나는 그 사람들에게 배드민턴장에 가서 전문적으로 초보 과정을 가르쳐 주는 코치를 찾아보라고 말해 주려고 생각했다. 그렇지만 직접 와서 부탁까지 했는데 거절하기가 뭐해서 좀 가르쳐 주었다.

그 사람들의 배드민턴 실력은 완전히 초보였기 때문에 기본적인 동작부터 설명해 주어야 했다. 결국 '조금만 가르쳐 줄 예정'이었던 나는 완전히 '서브를 보내는 볼보이'가 되어 버렸다. 게다가 두 시간이 훌쩍 지나갔다. 결국 나는 제대로 배드민턴을 쳐 보지도 못했다. 이분들에게 기본 동작을 가르치는 데 오전 시간을 할애하느라 정작 땀은 한 방울도 못 흘렸다.

코칭이 끝나자 그분들은 내게 전화번호를 물으면서 다음번에도 계속해서 자기들을 '코칭'해 주었으면 좋겠다고 했다. 당시 나는 별생각 없이 그러겠다고 대답했다.

몇 번의 코칭을 거친 후 그분들은 돌연 내게 수강료 문제를 꺼냈다. 나는 대답했다.

"괜찮아요. 무슨 수강료를 받아요. 다 같이 운동하면 즐겁잖아요. 어차피 저는 옆 코트에서 치는 김에 잠시 와서 가르쳐 드리는 것뿐인데요, 뭐."

그중 한 분이 말했다.

'그렇지만 우리랑 배드민턴을 치면 코치님은 서브밖에 못 하

잖아요. 게다가 우리 다칠까 봐 멀리 치지도 못하고요. 그럼 너무 미안하잖아요.'

다른 분이 말을 이었다.

"그럼 이렇게 해요. 코치님한테 우리가 밥을 사는 거예요."

다른 분들도 그 의견에 찬성했다. 비록 나는 몇 번이고 고사했지만 결국에는 그분들의 호의를 받아들이기로 했다.

나중에 보니 그분들이 내게 한턱 내려고 예약한 식당은 유명한 고급 레스토랑이었다. 가장 먼저 도착한 나는 그분들이 이미 예약해 둔 자리에 앉아 메뉴판을 보다가 거기에 적힌 가격을 보고 정신이 얼떨떨했다. 정말이지 너무 비쌌다.

불안감이 스멀스멀 올라오고 있는데 그분들이 하나둘 도착하셨다. 게다가 모두 기사가 딸린 고급 승용차를 타고 왔다. 그리고 그분들의 옷차림은 배드민턴장에서와는 완전히 달랐다. '압도적인 귀티'가 흐른다는 말로밖에 형용할 수 없었다.

깜짝 놀란 내 표정을 발견하고 한 분이 말했다.

"펑위안, 긴장 풀어요. 이게 우리의 평소 모습이에요. 배드민턴을 치러 가는데 보석 같은 걸 주렁주렁 달고 가면 이상하잖아요. 게다가 샤넬 같은 데서는 배드민턴복을 팔지도 않는걸요? 그래서 우리가 예쁜 옷을 입고 운동을 할 수가 없는 거예요."

한 사람씩 이어지는 자기소개를 듣고 나는 비로소 그분들 중 몇 분은 회장 사모님이고, 몇 분은 여성 기업가라는 사실을 알게 되었다. 모두 운동을 하고 싶기는 한데 햇볕을 쬐기는 싫고, 배드민턴이 '우아한' 운동이라고 오해해서 함께 치기로 했다는 것이다.

나한테는 너무 값비싼 진미를 음미하면서 이야기를 나누는데 그분들이 갑자기 물었다.

'맞다, 평위안 코치. 평소에는 무슨 부업을 해요?'

"부업이오?"

나는 어리둥절했다.

"배드민턴 코치 말고 다른 직업이오."

그 말을 듣고 나는 입에서 음식을 뿜을 뻔했다. 이때 나는 정식으로 나의 직업을 소개하면서 나는 변호사고, 현재 법률 사무소의 책임자를 맡고 있다고 알려 주었다.

나의 소개를 들은 후 이번에는 그분들이 입에서 음식을 뿜을 뻔했다.

서로의 정체를 알게 된 우리는 이야깃거리가 더욱 많아졌다. 그분들은 그때부터 나를 '쉬 변호사'로 인식하기 시작했다. 나 또한 그제야 그분들이 소위 '사모님'이라는 사실을 알게 되었다.

나중에 오랫동안 알고 지내면서 점차 나의 어렸을 때 이야기를 알게 된 그분들은 나를 특별히 아껴 주셨다. 그리고 자신들의 남편과 수많은 기업가를 소개해 주었다. 나 또한 열심히 노력했고, 그분들은 나를 든든하게 지원해 주며 잘 보살펴 주셨다. 덕분에 나는 사업적으로도 많이 배우고 성장할 기회를 얻었다.

이야기를 현재로 돌려 보자면 얼마 지나지 않아 그 사모님들은 나를 호화 주택에서 열리는 배드민턴 모임에 초대했다. 식사하면서 대화를 나누다가 나는 무심코 얼마 전에 오토바이를 타고 선물을 배달했던 일을 이야기하게 되었다. 그러자 마침 우리 모임이 열리는 호화 주택의 주인인 사모님이 즉시 경비 주임에게 그 일을 보고하고 설명을 요구했다. 얼마 지나지 않아 호화 주택의 경비 주임과 젊은 경비 한 사람이 그분들에게 와서 사과했다.

"사모님, 정말 죄송합니다. 만약 정말로 그런 일이 있었다는 사실이 밝혀지면 즉시 이 지역 사회의 이미지를 해친 경비를 해고하겠습니다."

경비 주임이 약간 긴장한 말투로 말했다.

"그러니 쉬 변호사님께서 그 경비를 찾아내는 데 협조해 주셨으면 좋겠습니다."

그 말을 듣는 순간 나는 경비 주임 옆에 서 있는 '잘생기고 건장한' 청년 경비가 바로 그날 나에게 '한 소리'한 그 사람이었다는 사실을 발견했다. 그 사람도 나를 알아본 것 같았다. 눈이 마주쳤을 때, 예전의 경멸스러운 시선은 어디로 갔는지 사라지고 걱정과 두려움만 남아있었다……. 그럴 법도 했다. 호화 주택의 경비는 썩 괜찮은 직업이기 때문이다. 매달 적어도 5만 달러 이상은 받으니 결코 잃고 싶지 않은 직장일 터였다.

"쉬 변호사님, 그날 보셨던 경비를 기억하고 계십니까?"

경비 주임이 물었다.

나는 일부러 한참을 생각하는 척하면서 그 눈치 없는 경비의 '기를 살짝 꺾어 주었다'…….

기묘하고 긴장된 분위기에 마치 시간이 멈춘 것 같았다. 눈치 없는 젊은 경비의 얼굴에 땀방울이 계속 맺혀 나오고 있었다…….

나는 경비 주임에게 말했다.

"잊어버렸어요, 괜찮습니다. 다만 회사 측에서 직원 교육을 좀 강화하시면 좋겠네요."

이때 나는 젊은 경비의 얼굴에서 놀라움과 안도감, 감격이 뒤섞인 눈빛을 볼 수 있었다…….

사람은 평생 수많은 시간의 단편 속에서 수많은 사람을 만나고 다양한 일을 겪는다. 만약 한 사람의 겉모습만 보고 그 사람의 빈부귀천을 판단한다면 당신이 사람을 대하는 태도는 매우 위험하다.

평범하게 차려입고 16년 된 오토바이를 몰면 가난한 사람인가? 얕잡아 봐도 되는가? 고급 승용차가 마중을 나오고 화려한 옷을 입고 있으면 그 사람이 부자라고 확신할 수 있는가? 그럼 그 사람에게 아첨하고 비위를 맞출 것인가?

만약 그렇게 천박한 방식으로 다른 사람을 판단한다면 당신

의 사회 경험이 얄팍하다고 밖에 설명할 수 없다. 당신은 자기 눈 앞에 서 있는 사람이 누구인지 영원히 알 수 없을 것이고, 누구의 미움을 샀는지도 알 수 없을 것이다. 당신이 진실을 발견했을 때, 때는 이미 늦었다. 당신의 진실하고 추악한 일면이 벌써 남김없 이 다 드러났기 때문이다.

약자를 대하는 공감 능력이
당신이 강한 사람이라는 사실을
증명한다

아버지는 생전에 구강암 중에서도 설암을 앓으셨다.

구강암 수술은 혀와 구강 내 조직 절제로 이루어진다. 넓적다리의 진피층에서 피부를 한 덩이 절개한 다음 구강에 삽입해서 의사가 현미경으로 이식한 피부와 구내 조직의 혈관을 하나하나 봉합하며 수술을 진행한다. 조직을 절제할 때는 재발 방지와 안전 범위를 고려해 비교적 큰 면적을 절제한다. 그러면 비록 재발할 확률이 낮아지기는 하지만 상대적으로 환자의 삶의 질은 크게 저하된다. 특히 음식을 섭취하고 말할 때 영향을 많이 받는다.

아버지는 당시 수술을 마치고 유동식만 드실 수 있었고, 언어 능력이 크게 손상되어 발음이 불분명하셨다. 말을 하면 그저 '으어으어'하는 소리밖에 안 나왔다. 이는 아버지에게 매우 큰 충격이었다.

나의 말재주는 아버지로부터 물려받았다. 아버지는 과거에 지방 선거나 중요한 행사에서 사회자에 딱 어울리는 사람이었다. 또한 아버지는 천성적으로 좋은 목청을 타고나서서 노래자랑에 참가하기만 하면 항상 우승하셨다.

그러므로 당시 암 때문에 제대로 말하지 못하게 된 것이 아버지에게 얼마나 큰 충격이었는지는 상상조차 하기 힘들다.

아버지는 수차례 수술을 받으셨는데 그중에서 가장 잊기 힘든 수술은 타이베이의 모 대학병원에서 후두 종양을 절제한 수술이었다. 아버지는 그 수술 후 이비인후과 병동에 입원하셨다.

어느 날 오후, 병실에 들어갔는데 아버지와 어머니 두 분의 표정이 심상치 않았다. 처음에 내가 물어봤을 때는 두 분 다 별일이니라고 하셨다. 그러나 내가 계속 캐묻자 무슨 일이 있었는지 어머니가 말씀해 주셨다.

알고 보니 오후에 젊은 레지던트 한 사람이 회진을 와서 아버지의 회복 상태를 물었다고 한다. 아버지는 후두 수술은 물론 지난번에 구강암 수술까지 받았기 때문에 제대로 말씀하지 못하고 '으어으어'하는 소리만 내셨다. 레지던트는 계속 질문을 해댔지만 아버지는 똑같은 소리밖에 내지 못하셨다. 당시 아버지는 그 레지던트가 '고의로' 그러는 것 같아서 말하지 않고 글씨를 쓰려 하셨다고 한다. 그러자 레지던트가 자기는 바빠서 다른 환자를 보러 가야 한다며 아버지가 글씨를 쓰는 걸 기다려 주지 않았단다……. 결국 젊은 레지던트는 어머니에게 '별다른 문제는 없는 것 같네요. 만약 문제가 있으면 너스 스테이션 호출 벨을 누르세요.'라고 전하고는 바삐 병실을 나갔다.

잠시 후, 어머니는 아버지에게 찻물을 떠다 드리려고 병실을 나와 너스 스테이션의 탕비실로 가셨다가 무심코 너스 스테이션 안에서 그 젊은 레지던트와 간호사가 서로 희희낙락거리는 소리를 들으셨다. 모두 신나게 웃고 있었는데 알고 보니…… 그 레지던트가 우리 아버지의 말소리를 흉내 내고 있었던 것이다…….

어머니는 그 소리를 듣고 마음이 시큰하고 아팠으나 아버지가 상처를 받을까 봐 병실에 돌아온 후에는 아무 말도 하지 않으셨다. 그런데 사실 아버지는 이미 다 들으셨다…….

아버지와 어머니는 내가 알면 일이 커질까 봐 입을 다물고 계셨다. 게다가 어머니는 우리같이 가난한 사람은 큰 병원 의사들과 싸워봤자 이기지 못한다고, 우리는 항상 을의 입장이니 손해를 좀 보더라도 이를 악물고 참아 넘겨야 한다고 말씀하셨다. 그러면서 나더러 괜히 싸움을 벌이지 말라고 하셨다.

나는 그 말을 듣고 너무 속상했다. 나도 내가 가난해서 사람들이 얕잡아 보고 무시한다는 사실은 잘 알고 있었다. 만약 우리가 돈 많고 힘 있는 사람들이었다면 그 레지던트가 그런 행동을 할 수 있었을까?

만약 내가 무시를 당한 거라면 나이도 어리고 돈도 없고 힘도 없으니 그저 참을 수밖에 없었다. 하지만 부모님이 굴욕을 당하셨다고 생각하니 큰 충돌이나 싸움이 일어난대도 두렵지 않았다.

나는 아주 '침착하게' 너스 스테이션을 찾아가 조금 전 그 레지던트를 만나게 해 달라고 요구했다. 젊은 의사를 보았을 때, 그는 온몸에서 짙은 우월감을 풍기고 있었다. 어렸을 때부터 항상 1등만 해 온 우등생의 우월감이었다. 마치 의대에 합격하지 못한 사람은 다 바보라고 생각하는 것 같았다.

나는 그가 짧은 가운을 입고 있다는 사실을 발견했다. 그렇다면 그가 레지던트라는 뜻이었다. 나는 그의 명찰을 훑어본 후 당직 보드를 바라보았다. 나는 그가 R1, 즉 1년 차 레지던트라는 사실을 알 수 있었다.

나는 그 사람에게 정중하게 우리 부모님에게 사과해 주기를 바란다고 말했다. 그 사람의 행동이 부모님의 마음에 큰 상처를 주었기 때문이다.

"저는 그저 정상적인 절차대로 회진했을 뿐 옳지 않은 일은 하지 않았어요. 보호자 분께서 방금 말씀하신 일은 없었다고요. 그런데 왜 사과를 합니까?"

일개 대학생인 나를 향한 그의 말투에는 경멸감과 오만이 담겨있었다.

몇 차례 말다툼이 오고 갔지만 아무런 효과도 없었다. 그 레지던트는 우리 아버지에게 사과할 뜻이 추호도 없어 보였다…….

비록 나는 그 레지던트를 한 대 때려서 정신을 차리게 해주고 싶은 충동이 일었지만 스스로 자제했다. 만약 내가 정말로 손을 댄다면 그 레지던트와 다를 게 뭐가 있겠는가?.

나는 화를 참으며 너스 스테이션을 떠나 병실로 돌아왔다. 병상 위에 누워계신 아버지를 바라보니 더욱 마음이 아팠다.

"병원 측에 고발장을 넣어서 컴플레인을 걸어요. 그 못된 녀석이 오후에 한 행동은 진짜 선을 넘었어요. 의사로서의 도덕이 없어."

이때 갑자기 웬 목소리가 들려와 내 생각을 끊었다. 알고 보니 옆 병상에서 간병을 보는 간병인 아주머니가 화를 내며 말하고 있었다.

"고발장이 소용이 있을까요? 서로 끼리끼리 보호해 주는 거 아니에요?"

"그야 모르죠. 그래도 이비인후과 주임 선생님은 좋은 의사로 유명한 분인 데다 덕망도 있으신 분이에요. 게다가 정의감도 투철하시다니까. 분명히 학생 대신 나서 주실 거예요. 내가 병원에서 간병만 10년 넘게 했는데, 그 못된 녀석처럼 사람을 괴롭히는 인간은 처음 봤어요."

간병인 아주머니의 격려를 들으며 모욕을 당한 부모님을 바라보던 나는 '장문의 글'을 쓰기로 마음먹었다.

나는 당시 젊은 레지던트가 자신의 난폭한 언행에 금방 대가를 치르게 될 줄 알았다……

정의는 종종 지각하지만 절대 결석하는 법은 없다.

몇 주 후, 아버지는 퇴원해 집에서 요양하고 계셨다.

어느 날, 어머니는 대학 병원에서 걸려 온 전화를 받으셨다. 그쪽에서 우리 집을 찾아온다는 내용이었다.

얼마 지나지 않아 이비인후과의 주임이 몇몇 주치의를 데려왔다. 물론 그중에는 '우수하고', '오만한' 젊은 레지던트도 있었다. 그러나 오늘 그의 표정에서는 지난번 병원에서와 같은 오만함은 보이지 않았고, 약간의 공포가 서려 있었다……

이비인후과 주임이 아버지에게 말했다.

"쉬 선생님, 정말 죄송합니다. 아드님의 고발장을 받은 다음 저희가 내부 조사를 거쳐서 사실을 확인했습니다. 그런 일이 발생해서 저희는 정말 죄송스럽고 유감스럽게 생각합니다. 저희가 학생을 잘못 가르친 까닭입니다. 저희 병원은 의사에게 덕망이 있어야 한다는 이념을 고수하고 있습니다. 그래서 오늘 제가 직접 저희 과 의사들을 데리고 사과를 드리러 왔으니 부디 용서해 주셨으면 좋겠습니다."

나는 이비인후과 주임 선생님의 정의감과 행동력에 탄복하면서 곁눈으로 젊은 레지던트를 슬쩍 쳐다보았다. 젊은 레지던트는 꽤 긴장한 것 같았다⋯⋯.

"이 학생의 심각한 결례를 부디 용서해 주십시오. 내부에서 회의를 열어 의견을 모았는데, 만약 용서해 주지 않으신다면 이 학생을 R1 랭킹에서 제외할 뿐만 아니라 더 이상 고용하지 않을 수도 있습니다."

이비인후과 주임이 아주 진지하게 말했다.

그렇구나⋯⋯ 우리 집 방문이 분명 젊은 레지던트의 앞날과 미래를 결정하게 되겠구나.

만약 젊은 레지던트가 이러한 연유로 대학병원에서 해고된다면 앞으로 의사로서의 커리어에 지울 수 없는 '오점'이 될 것이다. 어쩐지 계속 '벌벌 떨고' 있더라니⋯⋯.

우리 아버지 말 한마디에 그는 어렸을 때부터 열심히 공부하고, 학원에 다니고, 시험을 보고, 즐거움을 희생하고 고생해서 얻은 모든 것과 학력, 직업, 영광을 잃는 것이었다.

인생의 가장 큰 고통은 무언가를 손에 넣지 못하는 것이 아니라 손에 넣었다가 잃는 것이다.

이때 나는 곁눈질로 레지던트의 얼굴을 보았다. 그의 얼굴은 이미 혈색이 보이지 않을 정도로 창백했다. 나는 속으로 시원하다고 생각하고 있었는데…….

아버지가 얼른 화이트보드에 할 말을 쓰셨다.

"괜찮습니다. 젊은 사람이 철없이 한 행동일 뿐이니 저는 화를 내지 않겠습니다. 저 사람의 부모님이 아들을 의사로 키워내느라 얼마나 고생하셨겠습니까. 절대 쉽지 않은 일이지요. 쉽게 저 사람의 장래를 망쳐 버려서는 안 됩니다."

나는 아버지가 그렇게 빨리 레지던트를 용서하실 줄은 생각지도 못했다……. 내가 끼어들려는데 어머니가 나를 말리시며 얼른 아버지 말에 맞장구치셨다.

"맞아요, 맞아요. 아직 어리니까 철없는 행동을 할 수도 있지요. 그래도 와서 사과했으니 됐어요. 괜찮아요. 앞으로 열심히 하면 되지요."

의사들이 가고 나서도 나는 화를 참기 힘들었다. 어떻게 이렇게 쉽게 넘어갈 수 있단 말인가.

그러나 아버지와 어머니는 내게 말씀하셨다.

"사람은 너그러워야지, 얼마쯤은 손해를 봐도 괜찮아."

내 마음속의 울화는 여전히 가라앉지 않았다.

다만 그날 이후로 아버지가 병원에 재진하러 가시면 그 젊은 레지던트가 휴가를 내고 아버지를 모시고 처음부터 끝까지 수속을 함께 했다. 그리고 아버지에게 병세에 대해 자세히 설명해 주기도 하는 등 마치 사람이 바뀐 것 같았다…….

젊은 레지던트는 성의 있게 아버지에게 말했다.

"아버님, 정말 감사합니다. 만약 아버님께서 저를 용서해 주지 않으셨다면 제 앞날은 끝이었을 거예요. 저는 이번 일로 참 많은 교훈을 얻었습니다. 아버님의 넓은 양해에 정말 감사드려요. 앞으로 반드시 환자를 존중하고, 저의 직업을 존중하는 사람이 되겠습니다."

관용은 나약하지 않다. 그리고 종종 잔인한 사람의 의지를 이긴다.

어렸을 때부터 항상 1등만 해 오던 사람이 의대에 합격하면 이는 그 사람이 우수한 '수험생'이라는 사실을 증명할 뿐이다. 설령 의대를 수석으로 졸업했다고 해도 이는 그 사람이 '우수한' 젊은 의사라는 사실밖에 증명할 수 없다. 환자를 존중하고 진정으로 환자의 고통과 두려움, 무력감을 이해할 때, 환자들이 소시민이거나 가난한 사람, 볼품없는 인물이더라도 최선을 다해 치료할 때, 그 사람은 진정으로 '탁월한' 경지에 오른다.

우수함은 때로 탁월함에 이르는 데 최대의 장애물이 된다.

그러나 사실 그러기는 쉽지 않다. 많은 아이가 어렸을 때부터 부모님에게 아무것도 안 해도 되고 그저 공부만 잘하면 된다고 교육받는다. 공부를 잘하는 것이 가장 뛰어난 사람이라는 증명이고, 시험에서 네게 진 사람은 모두 실패자라고, 그런 실패자들은 모두 네 앞에서 무릎을 꿇을 거라면서 아이의 성취를 칭찬한다. 이러한 교육은 아이에게 성적만 좋으면 '우월하다'라고 착각하게 만들기 때문에 오히려 해가 된다. 우월감은 평생 아이의 성공에 방해가 되는 최대의 장애물이다.

진정으로 강인한 사람은 보잘것없는 사람을 대하는 공감 능력으로 자신의 강인함을 증명한다.

사회가 너무 험악한 것이 아니라
당신이 너무 순진한 것이다

수위(書楡)와 리핑(麗萍)은 좋은 친구 사이였다. 두 사람은 어렸을 때부터 같은 학교에 다녔고, 대학을 졸업한 지 1년이 조금 넘었다.

리핑은 자주 클럽에 가서 넓은 교우 관계를 유지했다. 어느 날, 리핑은 평소에 자기를 잘 돌봐 주는 뒷골목 형님 정거(正哥)를 수위에게 소개했다. 정거는 두 사람에게 아주 잘해 주었고, 만날 때마다 맛있는 음식을 사 주었다. 때로는 명품 가방을 사서 두 사람에게 선물하기도 했다.

처음에 수위는 정거가 자기를 좋아하는 줄 알았다. 그러다 나중에 정거에게 수위와 리핑 두 사람은 그저 여동생 같은 존재일 뿐임을 알고 서서히 경계심을 풀었다. 두 사람에게 어려운 일이 생길 때마다 전화 한 통이면 정거가 와서 다 해결해 주었다. 무슨 일이든, 설령 클럽에서 옆자리 손님들이 눈에 거슬린다는 이유만으로도 전화만 걸면 정거는 즉시 아우들을 데리고 '처리해' 주었다. 정거 덕분에 두 사람은 항상 위풍당당했다…….

어느 날 두 사람은 정거와 함께 중국 샤먼(廈門)에 놀러 갔다. 정거는 중국의 여자 친구 샤오단(小丹)을 두 사람에게 소개해 주었고, 샤오단은 두 사람과 나이가 비슷한 데다 말이 잘 통해 좋은 친구 사이가 되었다. 대만으로 돌아온 후에도 두 사람은 샤오단과 계속 연락을 유지했다. 정거는 평소에 아주 바빴는데, 두 사람은 정거가 무슨 일로 먹고 사는지 몰랐다. 정거는 그저 두 사람에게 씀씀이가 크고, 고급 차를 타고 다니는 멋진 오빠였을 뿐이다.

때로 정거는 너무 바빠서 두 사람과 놀 시간이 없으면 둘이 여행을 가라고 돈을 대 주기도 했다. 그러면서 가끔 두 사람에게 샤먼에 들러 샤오단에게 물건을 좀 전해 달라고 부탁했다. 왕복 비행깃값과 숙박비는 모두 정거가 계산했다. 심지어 매번 두 사람에게 용돈으로 쓰라며 2~3만 인민폐를 주었고, 그러면 수위와 리펑은 신나서 쇼핑하러 갔다.

정거 덕분에 두 사람은 거의 중국 전역을 돌아다녔다. 다만 대부분 먼저 샤먼까지 날아갔다가 샤먼에서 비행기를 갈아타고 다른 도시로 가는 식이었다. 정거가 부탁한 물건을 샤오단에게 전해 주어야 했기 때문이다. 그렇지만 어차피 경비는 다 정거가 부담하는 거라서 조금 돕는 것쯤은 아무것도 아니었다. 두 사람은 깊이 생각하지 않았다…….

그렇게 1년이 넘게 흘렀고, 어느 날 두 사람은 예전과 마찬가지로 쓰촨(四川)성에 놀러 가기로 했다. 먼저 샤먼으로 가서 물건을 샤오단에게 전한 다음 샤먼 공항에 도착해 세관을 나오는데 엑스레이기를 통과할 때 공안이 두 사람을 가로막았다. 이때 옆에 있던 공안들까지 즉시 두 사람을 둘러싸며 짐 검사를 요구했다.

공안은 두 사람의 짐 속에서 정교하게 포장된 상자를 발견했다. 포장을 뜯어 보니 그 안에서 약 500g의 헤로인이 발견되었다.

두 사람은 너무 깜짝 놀라 정신이 멍해졌다. 그렇지만 입이 백 개라도 해명할 방법이 없었다……. (샤오단과 정거의 휴대폰은 타인 명의로 개설한 것이어서 사건 발생 후에도 그들을 찾지 못했다.)

중국에 약물을 운반하는 행위, 특히 헤로인은 50g을 초과하면 기본적으로 사형이다……. 수위와 리핑은 헤로인을 500g이나 휴대하고 중국에 들어갔으니 결국 샤먼 중급 법원에서 사형이 확정되고 총살되었다. 총살될 때 두 사람은 24살에 불과했다…….

이는 내가 직접 겪은 실제 사건이다. 나는 두 사람의 부모님이 직접 나를 찾아와 눈물을 흘리며 숨이 넘어갈 듯 가슴 아파하던 장면을 잊지 못한다. 심지어 나에게 무릎을 꿇고 부디 우리 딸을 구해 달라며 부탁하셨다. 자신들의 딸은 원래 착한 아이인데 '나쁜 친구'를 잘못 사귀어서 이렇게 된 것이라고 강조했다……. 그렇지만 모든 것이 너무 늦고 말았다……

사람은 평생을 살면서 귀인 한 사람만 사귀어도 인생을 역전시킬 수 있다. 그러나 나쁜 친구를 하나 둔 것만으로도 당신의 모든 것, 심지어는 생명까지 파괴될 수 있다.

시중에 나온 인맥 관련 서적에서는 모두에게 친구를 많이 사귈수록 길이 넓어진다고 이야기한다. 만난 적이 있는 사람을 단 한 사람도 소홀히 하지 말고, 큰 물고기든 작은 물고기든 하나도 놓쳐서는 안 된다고 말한다.

그러나 나는 어린 시절 성장 배경 때문에 좋은 사람과 나쁜 사람이 한데 섞인 환경에서 자란 셈이다. 나는 어렸을 때부터 **친구는 많이 사귈수록 좋은 게 아니고, 아무렇게나 사람을 사귀는 건 매우 위험하다**는 사실을 알고 있었다.

내가 관찰한 경험에 따르면 성공한 경영자들은 항상 극도로 엄격한 기준으로 다른 사람과 교제할 것인가 말 것인가를 결정한다. 그래서 그들은 종종 명함 가져오기를 '잊어버린다.' 당신도 이런 현상을 발견했는가?

성공한 경영자들은 사회 경험이 노련해서 **'천재지변을 제외하면 좋은 기회든 위기든 모두 사람에게서 비롯된다.'**라는 사실을 잘 알고 있다. 옳은 사람과 교제하면 좋은 인생을 얻을 수 있으나,

옳지 못한 사람과의 교제는 분명 당신의 인생을 망칠 것이다. 많은 사람이 인맥의 양을 중요시하지만 사실 인맥은 양보다 질이 훨씬 중요하다.

나는 나쁜 인맥을 '바이러스형 인간'이라 부른다. 위기를 가져오는 사람이 마치 컴퓨터 바이러스 같기 때문이다. 자칫 잘못하면 인생 전부가 바이러스에 감염될 위기에 노출된다. 심지어 바이러스가 침입하면 당신 때문에 주위의 가족과 친구들 또한 바이러스에 감염될지도 모른다.

그러므로 좋은 인맥을 넓혀가는 동시에 나쁜 인맥을 좁혀야만 인맥이 건강하게 발전해 나갈 수 있다. 그러지 않으면 나쁜 인맥이 좋은 인맥을 마이너스로 상쇄시키면서 '플러스마이너스 제로'가 되는 결과를 낳거나 '적자 위기'에 빠질 수 있다.

어쩌면 당신은 사람을 보는 자신의 판단력에 자신감을 가지고, 나는 절대 사람을 잘못 볼 일이 없다고 생각할지도 모른다. 그러나 나는 진심으로 충고하고 싶다. 자기 자신에 과도한 자신감은 갖지 않는 편이 제일 좋다. 길거리 사회의 물은 아주 깊다. 강호에서 몇 년을 떠돈 사장님들도 때로는 속는다. 그러니 갓 사회에 진출한 풋내기들은 오죽할까?

보통 누가 좋은 사람이고 나쁜 사람인지 즉시 판단할 능력이 없을 때는 자신의 감지력, 사회 경험, 장기간의 관찰에 의지할 수밖에 없다. 확신이 들기 전까지는 상대방과 일정한 거리를 유지하는 게 제일 좋다. 당신이 '절대 문제없다.'라고 생각한 사람조차 당신을 속일 수 있으니 미심쩍은 사람은 말할 것도 없이 아주 위험하다.

'남의 신세를 지면 심한 말을 하지 못하고, 남의 것을 받으면 자기 마음대로 할 수가 없다.'라는 말처럼 가족 이외에 새로 알게 된 사람이 당신에게 특별히 잘해 주고 보답을 바라지 않는다면 특히 주의해야 한다. 상대방이 '작은 이익을 탐하지 않는 이유는 반드시 큰일을 도모하고 있기 때문이다.'

끊임없이 타인의 호의를 받아들이고 그것이 계속되거나 더 많아지기를 바랄 때, 당신의 이성은 욕심에 뒤덮인다. 판단력은 이미 냉동고에서 꽁꽁 얼어 버린 것이나 마찬가지다.

욕심을 부릴 때가 당신이 가장 나약하고 위험한 때다.

당신이 끊임없이 다른 사람의 호의를 받는다면 어느 날 그 사람이 도움을 요청할 때 '난처한' 상황에 빠지게 된다. 이는 상대방이 오랫동안 고심해 계획한 결과다. 당신이 아직 주저할 때, 상대방은 조금도 망설이지 않고 땅에 무릎을 꿇으며 그렁그렁한 눈으로 두 줄기 눈물을 짜낸다. 어쩌면 당신은 나 자신을 보호하는 방법을 안다고, 나는 쉽게 당하지 않는다고 말할지도 모른다. 그러나 한마디 하자면 **이 세상에서 가장 인내심 있는 사람이 바로 사기꾼이다.** 상대방은 계속 기다리고 또 기다린다. 그러다가 당신의 경계심이 완전히 풀렸을 때 행동에 나선다. 그리고 당신이 거절하기 어려운 상황이 될 때까지 기다렸다가 본심을 드러낸다.

사기꾼은 대부분 매력적이다. 그들에게 속지 않는 유일한 방법은 그들과 어떤 일에도 엮이지 않는 것이다.

사기꾼과 왕래하면서 속지 않는다는 건 타이슨의 주먹을 맞고도 녹다운되지 않는다는 말과 똑같이 절대 불가능한 일이다. '진정한 숙련가'는 사람의 솜털 하나 건드리지 않고도 최종적인 목적을 이룰 수 있다.

인맥이 매우 중요하다는 사실은 모두가 잘 알고 있다. 그러나 사회에 갓 진출한 사람들은 사회 경험이 너무 부족하므로 종종 다른 사람에게 이용당하면서도 알아차리지 못한다. 알아차렸을 때는 모든 것은 이미 늦었고 재앙은 바로 눈앞에 닥쳐 있다.

인생의 길은 매우 길지만 몇 걸음이 아주 중요하다. 그것이 옳은 걸음이든 혹은 나쁜 걸음이든.

인생은 다시 시작할 수 없다. 그러므로 처음부터 '가장 엄격한 기준'으로 친구를 사귈 심리적인 준비를 해야 한다. 더욱 중요한 점은 반드시 '사람을 볼 줄 아는' 능력을 길러야 한다는 것이다. 이는 평생 주어진 숙제다.

친구를 사귀고 인맥을 기르는 일도 매우 중요하지만 '바이러스형 인간'의 침입을 방지하는 것이 더욱 중요하다. 만약 경각심이 없다면 어느 날 바이러스에 감염되었을 때, 다른 사람 탓을 할 수도 없다.

사회가 너무 험악한 것이 아니라 당신이 너무 순진한 것이다.

사소한 일에
이성을 잃지 마라

어느 날 택시를 타고 집에 돌아가다가 싼충 충신루(重新路)와 중정베이루(中正北路) 교차로에서 빨간 신호를 기다리는데, 오토바이 두 대가 서로 눈에 거슬렸는지 멈춰 서서 '기 싸움'을 벌이는 장면을 목격했다.

그중 한 대에는 두 사람이 타고 있었는데 한 사람은 팔뚝 가득 문신을 한 남자였고, 다른 한 사람은 아주 짧은 스포츠머리 남자였다. 또 다른 오토바이에는 한 사람뿐이었는데 키가 작고 다리가 짧은 남자였다.

문신한 남자가 다리 짧은 남자에게 으르렁댔다.

'뭘 꼴아봐?'

다리가 짧은 남자가 대꾸했다.

"이 몸이 널 왜 꼴아보냐."

양쪽이 팽팽하게 맞서는 가운데 두 사람이라 비교적 우세한 스포츠머리 남자와 문신한 남자가 '큰 소리로 제멋대로' 말을 내뱉었고, 다리가 짧은 남자는 열세였다. 한바탕 말다툼을 벌인 후 양쪽은 현장을 떠나려고 했다.

그러나 뜻밖에도 문신한 남자와 스포츠머리 남자 중 한 명이 상대의 오토바이 앞을 막았고, 또 한 사람은 다리 짧은 남자가 자리를 뜨지 못하도록 손으로 오토바이 뒷좌석을 붙잡았다. 다리 짧은 남자는 마음에 안 들면 계속 싸우자고 말은 하면서도 자리를 뜨려고 하고 있었다. 바로 이때, 문신한 남자가 안전모를 가져오더니 다리 짧은 남자를 뒤에서 내리쳤다. 다리 짧은 남자는 퍽 소리와 동시에 바닥에 쓰러졌고, 스포츠머리 남자는 즉시 상황에 편승해 바닥에 누운 사람을 힘껏 발로 찼다.

이때 빨간불이 파란불로 바뀌었지만 현장이 매우 혼란스러워서 모든 차량이 그냥 지나갈 수가 없었다.

다리 짧은 남자는 몸부림치다가 오토바이 옆으로 도망가더니 트렁크를 열었다.

다리 짧은 남자가 트렁크를 열었을 때, 나와 택시 기사는 깜짝 놀랐다. 우리뿐만 아니라 그 자리에서 상황을 구경하던 사람들도 다 깜짝 놀랐다.

다리 짧은 남자가 오토바이 트렁크에서 길이가 40㎝는 되어 보이는 일본도를 꺼냈기 때문이다.

다리 짧은 남자는 몸을 돌리면서 칼을 내리쳤다. 그러자 문신한 남자의 오른쪽 팔에 깊은 상처 자국이 그어졌다. 다리 짧은 남자는 계속 문신한 남자를 쫓아가 왼쪽 손을 내리쳤다. 문신한 남자의 왼쪽 손이 절단되어 땅에 뒹굴었고, 피가 계속 뿜어져 나왔다.

스포츠머리 남자는 상황을 보고 도망치려고 했지만 다리 짧은 남자가 얼른 쫓아가 뒤에서 머리를 단칼에 내리쳤다. 스포츠머리 남자는 비명을 지르며 바닥에 쓰러졌다.

두 사람이 바닥에 쓰러지고 나서도 다리 짧은 남자는 계속해서 그들에게 고함을 질렀다.

"젠장, 덤벼 봐. 또 덤벼 보라고. 너네 대단하잖아, 엉? 눈에 뵈는 게 없잖아?"

다리 짧은 남자의 소름 끼치는 포효와, 문신한 남자와 스포츠머리 남자가 땅에 누워서 계속 울부짖는 장면은 강렬한 대비를 이루었다.

몇 분 후, 경찰차와 구급차가 도착했다.

문신한 남자와 스포츠머리 남자는 즉시 구급차로 옮겨졌고, 다리 짧은 남자는 경찰에 체포되었다.

서로 알지도 못하는 세 사람, 원래 그들은 다툼 없이 평온하게 집으로 돌아가 따뜻한 저녁을 먹고, 소파에 누워 드라마를 시청할 수 있었을 것이다. 그런데 모든 일이 단 몇 분 만에 발생했다.

짧은 몇 분이 세 사람의 운명을 갈랐다.

　나는 집으로 돌아오고도 당시의 무시무시한 장면을 한참이나 잊을 수 없었다. 세 사람의 행동은 내게 큰 충격을 주었다. 그리고 젊은 사람들의 혈기 왕성하고 어리석은 행동에 안타까움을 느꼈다.

　오로지 서로 눈에 거슬린다는 이유만으로 그런 충돌과 비극이 발생한 것이다.

　예전에 장(江) 회장님이 들려준 이야기가 생각났다.

　몇 개월 전에 우연한 기회로 장 회장님은 뒷골목 조직의 큰 형님뻘인 하이룽(海龍) 형님과 연회에 참석했다. 하이룽 형님이 BMW740으로 장 회장님을 집까지 데려다주는 길에 흰색 시빅(Civic) 개조 차량과 마주쳤다. 흰색 시빅 차량은 '끝내주게' 개조된 것이었고, 엔진소리는 대략 100m 밖에서도 들릴 정도로 아주 요란했다. 차 안에는 남녀가 각각 한 사람씩 타고 있었는데 그들은 차 안에 대만 음악을 크게 틀어 놓고 차창을 내리고 있었다. 게다가 차량 전체가 LED 등으로 번쩍번쩍해서 도로에서 사람들의 이목을 끌었다.

　장 회장님이 탄 차가 '정상적으로' 흰색 시빅을 추월하자 일이 벌어지고 말았다. 흰색 시빅은 마치 귀신이라도 들린 양 맹렬하게 추격해 왔고, 중샤오둥루와 린선베이루(林森北路) 입구에서 빨간불이 들어오자 장 회장님이 탄 차를 가로막아 지나가지 못하게 했다. 이때 흰색 시빅에서 신장은 대략 170cm, 체중은 90kg쯤은 나갈 것 같은 뚱뚱한 남자가 내렸다. 러닝셔츠를 입은 그의 배에 표범이 어렴풋이 보였다. 아니다, 고양이인가……. 어쨌든 불룩 나온 배 때문에 문신의 형체를 분간할 수 없을 정도였다. 뚱뚱한 남자는 장 회장님 일행을 향해 다가오더니 고함을 질러대며 '본때를 보여 주겠다고' 했다.

장 회장님이 탄 차량에는 장 회장님과 하이룽 형님 말고도 두 명의 경호원이 타고 있었다. 장 회장님은 하이룽 형님이 차에서 내려 뚱뚱한 남자를 혼쭐내 주면서 '큰형님'의 풍모를 보여주리라 생각했다. 그런데 하이룽 형님은 차창을 내리고 뚱뚱한 남자에게 말했다.

"선생, 실례했소. 우리 애들이 차를 몰 줄 몰라 폐를 끼쳤구려. 다음부터는 주의하도록 하겠소."

뚱뚱한 남자는 차창을 통해 하이룽 형님의 차에 4명이나 탄 것을 보고 감히 더 따지고 들지는 못하고 중얼거렸다.

"다음번에는 조심해요. 오늘은 내가 기분이 좋으니 따지지 않고 그냥 넘어가 주는 거예요."

그런 다음 얼른 자기 차에 타더니 자리를 떴다.

나중에 장 회장님은 너무 궁금해서 물었다.

"하이룽 형님, 우리는 남자만 4명이었고 뒤차에는 '애들'도 있었는데 왜 떵떵거리는 뚱뚱한 남자에게 사과하고 봐 주셨습니까?"

"장 회장, 너무 충동적인 거 아닌가. 뒷골목 사람도 아닌 장 회장이 저자를 혼쭐내 주려고? 진짜로 저자를 혼쭐내 주었다고 해도 그게 무슨 의미가 있나? 장 회장이 저자보다 대단하다는 사실을 증명하려고? 내가 만약 그런 성격이었으면 진즉에 어디서 죽었을지 몰라. 그렇다면 지금 이 자리에 오를 수 있었겠어?"

말을 마친 하이룽 형님은 껄껄 웃었다.

하이룽 형님이 말을 이었다.

"만약 저자가 눈치 없이 죽자고 달려들었다면 우리가 당연히 이겼겠지. 그렇지만 저자는 차에 애인을 태우고 있었으니 허세를 부리는 게 당연한 면도 있잖아. 우리가 저자를 시원하게 처리했다고 해도 그게 무슨 소용이야? 젊은 사람들은 일시적인 충동과 체면 때문에 자기 인생, 심지어 목숨까지 내 버린다고. 이게 어디 잘난 사람이 할 짓인가?"

마지막에 하이룽 형님은 장 회장님을 집 앞에 내려 주면서 두 가지 사실을 일러주었다.

"첫째, 절대 사소한 일에 이성을 잃어서는 안 되네. 둘째, 세상의 모든 일은 다 사소한 일이라네."

통제하지 못하는 인생은
다시 돌이킬 수 없다

중거(忠哥)는 내 중학교 선배인데, 당시 학교에서 가장 '난폭한' 우두머리였다.

전에 학교에서 중거를 보았을 때, 중거의 주위에는 수많은 아우가 그를 따랐고, 여자가 부족한 적도 없었다. 중거의 여자 친구가 되려는 예쁜 여자들이 넘쳐 났기 때문이다. 갓 사춘기에 들어서 아무리 노력해도 여자 친구가 없었던 나는 중거가 세상에서 제일 부러웠다…….

과거 우리 학교에는 총 25개의 반이 있었는데, 그중에서 5개 반은 우등생반이고, 다른 20개 반은 '보통반'이었다. 그리고 충거는 16반이었는데, 전교에서 가장 불량한 반의 우두머리였다.

나의 특수한 성장 환경 때문에 중거는 학교에서 나를 잘 보호해 주라는 당부를 받았다. 중거가 나에게 말했다.

"아위안, 이 학교에서는 무슨 일이 생겨도 걱정할 필요 없어. 내 이름만 대면 감히 그 누구도 네 솜털조차 건드리지 못할 테니까."

우와, 기세등등하고 박력 넘치는 말을 듣고 나는 중거를 흠모하게 되었다.

한번은 학교에서 태권도 대회가 열렸는데 우승한 팀이 잘난 체하면서 상대방을 도발하고 깔보았다. 그래서 시합을 관람한 전교 학생들이 불쾌해했고, 물론 중거도 그중 한 사람이었다.

중거는 시합이 끝나고 즉시 거의 300명에 달하는 형제들을 불러 모았다. 다들 야구 배트, 나무 걸상이나 걸레 자루 같은 무기를 들고 교문 앞에서 태권도 우승팀 일행 전원을 둘러쌌다.

이때는 검은 띠에 몇 단이고 뭐고 아무 소용이 없었다. 발차기를 해도 상대는 야구 배트로 덤비는데 아무리 다리가 강해도 야구 배트만 할까? 바보가 아니고서야.

태권도 우승팀에게서는 아까 전 시합에서 보였던 오만한 기세가 완전히 사라졌다. 대신 두려움만 남아 찌질하게 용서를 구하는 태도를 보였다. 조금 전 맹렬하게 상대방 선수의 머리를 친 것은 오로지 '실수'였다고 해명하고, '실수'로 상대방 선수를 땅에 눕히고 시비를 걸었다고 했다. 모든 것이 다 '오해'라는 것이었다…….

중거는 우승팀 선수들을 일렬로 세운 다음 우리 학교 정문을 마주 보고 학교의 휘장을 향해 90도로 허리를 숙여 사과하라고 명령했다. 30초가 지나기 전까지는 고개를 들 생각도 말라면서.

중거의 행동에 모든 사람이 속 시원해했다. 그리고 우두머리라는 중거의 지위는 더욱 공고해졌다.

한번은 중거와 학생 주임 사이에 충돌이 발생한 적이 있었다. 학생 주임은 중거를 꼼짝 못 하게 밧줄로 묶어 놓았고, 일이 커졌다. 전교에 300~400명 정도 되는 중거의 아우들이 전부 몰려와 학생부실을 포위했다. 수업도 진행되지 못했다. (어차피 교실 안에 학생이 하나도 없었기 때문에) 그들은 학생 주임에게 중거를 풀어 주지 않으면 절대 자리를 뜨지 않겠다고 했다.

우와, 양쪽이 팽팽히 맞서는 가운데 분위기가 점점 긴장되고 상황이 걷잡을 수 없을 정도로 커지려고 하자 학교는 경찰을 부르기로 했다.

경찰이 학교에 도착해 중거를 끌고 가려는데, 중거의 형제들이 길을 막으며 데려가지 못하게 했다.

경찰들조차 상황을 진정시키지 못하자 학교 측에서는 중거가 평소에 가장 잘 따르는 지도 교사인 펑(彭) 선생님을 불러와 중거와 단독 면담을 시켰다. 10분도 채 안 되어 펑 선생님은 직접 중거의 밧줄을 풀어 주었고, 중거도 학교의 처벌을 받겠다고 순순히 받아들였다. 중거가 학생부실에서 나왔을 때 함성이 울려 퍼졌고,

중거의 아우들은 점차 흩어졌다.

우와, 당시 중거의 멋진 모습은 나에게 깊은 인상을 남겼다. '고혹자(古惑仔)'에 나오는 진호남(陳浩南)이 현실로 튀어나온 것 같았다. 당시의 나는 중거를 마치 신처럼 숭배했다.

졸업 후, 나는 고등학교에 진학했고 중거는 중학교를 마치지 못한 채 학업을 그만두었다. 우리는 그렇게 연락이 끊어졌다. 다만 나는 중거가 다른 사람과 함께 술집과 도박장을 열어 아주 기세등등하게 살고 있다는 소리를 들었다. 중거는 역시 중거였다. 다른 사람과 달랐다.

십여 년이 흐르고 나는 몇 년째 변호사로 활동하고 있었다. 어느 날, 옛날 본가 근처의 편의점을 지나가는데 익숙한 목소리가 나를 불러 세웠다.

'아위안.'

고개를 돌리자 소매가 없는 러닝셔츠와 낡은 반바지를 입고, 흔해 빠진 슬리퍼를 신은 중년 남자가 보였다. 나는 궁금해서 물었다.

"죄송하지만 누구시죠?"

"X, 변호사님이 되더니 형님도 잊었냐?"

"중거?"

자세히 살펴보니 익숙한 윤곽이 보였다. 비록 세월의 흐름을 맞고 기세가 줄어들기는 했어도 여전히 익숙한 말투였다. 결국 나는 중거를 알아보았다.

"아위안, 너 진짜 대단하더라. TV에도 나오고 책도 냈다면서. X, 정말 대단해. 아버님이 아직 살아계셨더라면 분명 자랑스러워하셨을 거야."

중거가 매우 기뻐하며 말했다.

과거에 나를 잘 보살펴준 중거를 만나니 나도 정말 기뻤다. 우리 두 사람은 즉시 실내 포장마차로 가서 술을 마시며 서로의 근황을 이야기했다.

"X, 이럴 줄 알았으면 나도 옛날에 너처럼 열심히 공부하는 건데. 그럼 이렇게 초라하게 살지는 않을 거 아니냐."

중거가 약간 쓸쓸하게 말했다.

"다른 사람이랑 같이 술집과 도박장을 열었다면서요?"

"아이고, 다 어렸을 때 허세 부리느라 그렇게 이야기한 거지. 그냥 남의 가게나 좀 봐주는 보안 요원 같은 거였는데 내 가게인 양 이야기했었지. 에이, 어렸을 때라 철이 없어서 대단한 척 좀 한 거야."

"그럼 그동안 다른 사람 가게를 봐주면서 지냈어요?"

"아니, 나중에 일을 좀 저질러서 교도소에 있다가 몇 년 전에 나왔어. 나오고 보니 남의 사업장 봐주는 일은 다 어린애들이 하더라고. 더 이상 17~18살이 아니니 다들 마다하더라고."

중거는 담배에 불을 붙이고 술을 몇 모금 마시더니 계속해서 말을 이었다.

"예전에는 교도소에 한 번 들어갔다 나오면 더 거물이 된다고 했었는데. X, 그건 다 거짓말이었어. 영화에서나 그렇지. 건달 짓이나 하면서 돈까지 없으면 결국 다른 사람의 똘마니로 살 수밖에 없는 거야. 나이 들어서 기운 다 빠지면 담배나 빈랑 심부름도 안 시켜."

"참, 샤오원(小雯) 아직 기억하냐?"

그 이름을 듣고 나는 눈을 반짝였다.

"당연하죠. 옛날에 샤오원 누나는 학교 최고 미인이었잖아요. 형이랑 누나랑 같이 다니는 게 진짜 멋있어 보여서 얼마나 많은 아우가 형을 부러워했는데요."

"휴, 그때 샤오원이 임신을 했어. 철이 없던 나는 앞으로 행복하게 해주겠다고 맹세했었고. 그 바보 같은 여자는 날 따라서 학교도 그만두고 아이를 낳았어. 그 아이가 지금은 중학교에 다닌다. 작은 애는 초등학교 3학년이고."

"그럼 형님이 교도소에 들어가 있는 동안 가족들은 어떻게 생활했어요?"

"아휴, 처음에 샤오원은 미용을 배우러 학원에 다녔는데 나중에 도저히 안 되겠어서 다방에 일을 나갔어……. 그러다가 사창가가 철거되었고, 중학교도 못 나온 여자가 어디서 일자리를 찾겠냐. 식당에서 서빙이나 했지……. 그래도 다행인 게 첫째 딸이 아주 의

젓해서 제 남동생을 잘 보살펴 줘."

말을 잇던 중거가 눈시울을 붉혔다.

"X, 다 못난 아비 탓이지. 쓸모없어 가지고."

"지금은 친구 소개로 미장이 일을 하고 있어. 그런데 일이 안정적이지가 못해서……."

중거는 들고 있던 담배를 꺼버리고 다시 한 대에 불을 붙였다.

중거의 상황을 들으니 나는 마음이 안 좋았다. 그래서 격려하려는 마음에 이야기했다.

"형님, 그럼 더 노력해야 하겠네요. 샤오원 누나랑 애들을 잘 살게 해줘야지요."

"아위안, 내 걱정은 하지 마. 내가 누구냐? 네 형님이라고, 중거야. 절대 다른 사람에게 약한 모습은 안 보인다. 반드시 큰돈을 벌고 말 거라고."

중거가 한입에 맥주를 다 털어 넣더니 돌연 큰 소리로 말했다.

우리는 함께 술잔을 비우고, 서로 열심히 노력하자고 힘을 북돋웠다. 반드시 큰돈을 벌어서 잘살아 보자고.

헤어질 무렵 중거가 갑자기 나를 불러 세웠다.

"아위안, 듣자 하니 요즘 책을 쓴다던데 나 같은 똘마니가 세상 물정 모르고 벌인 일도 좀 써줘라. 어리석은 애들이 절대 나처럼 돌이킬 수 없는 길을 가면 안 되니까 말이야. 젊었을 때 놀아 봐야 다 시간 낭비야……."

나중에 나는 중거가 더 이상 일을 하지 않는다는 이야기를 들었다. 어느 날 TV에서 뉴스를 보기 전까지는 아무도 중거의 행방을 알지 못했다.

"오늘 경찰은 신베이(新北)시 싼충 환허난루(環河南路)의 지하 공장에서 약물을 제조하던 일당을 체포했습니다. 현장에서는 개조된 총기, 헤로인 완제품과 반제품이 수십kg 발견되었습니다. 체포된 용의자는 차이 모 씨, 우 모 씨, 장칭중(張慶忠) 씨……."

중거? 설마…….

나는 믿을 수가 없었지만, 뉴스 마지막에 용의자 화면이 나왔는데 정말 중거였다. 1급 약물을 판매하다니.

샤오원 누나와 아이들은 어떻게 하고? 어쩜 저렇게 어리석은 짓을.

중거는 그때 체포된 후로 다시는 나오지 못했다. 나는 나중에 샤오원 누나와 아이들을 찾아가 조금이나마 도움을 주었다. 샤오원 누나의 말을 들으니 앞으로는 아이들을 데리고 친정에 의지할 생각이라고 했다. 적어도 아이들은 외할아버지, 외할머니가 길러주실 수 있으니까.

나는 샤오원 누나에게 물었다.

"중거 형님을 사랑한 걸 후회하세요?"

"길은 사람이 선택하는 거니까 후회하고 말고도 없어. 그렇지만 만약 정말 과거로 돌아갈 수 있다면 아마 그렇게 철없이 살지는 않겠지. 그때 부모님 말씀을 잘 들었더라면 두 아이를 고생시킬 일도 없었을 텐데…… 다만 다시 돌아갈 수 없을 뿐이야. 그게 인생이야. 다 부질없는 인생이라고."

샤오원 누나가 눈시울을 붉히며 말했다.

인생의 길은 아주 길지만 가장 중요한 순간은 단 몇 걸음뿐이다. 그리고 이 몇 걸음이 종종 당신의 운명과 인생을 결정한다. 역사의 흐름에 후회와 만약이란 없다.

학교에서 잘나가는 우두머리를 보고 위풍당당하고 멋있다고 생각하는 아이들이 많다. 그러나 그런 위풍당당함이 평생을 갈 수 있을까?

어렸을 때, 학교는 교육적 목적에 근거해 아이들의 탈선행위를 비교적 관대하게 용서해 주고 기꺼이 잘못을 고칠 기회를 준다. 그러나 사회에 나오고 나면 무슨 잘못을 저질렀든 예외 없이 법률적인 제재를 받는다. 영화 '고혹자'에서는 다들 위풍당당하게 칼을 휘두르고 다니면서도 아무런 법률적 책임을 지지 않지만 그건 영화일 뿐이다. 바보 같은 생각일랑 하지 말자.

사람은 어쩌면 운명을 좌우하지 못할 수도 있지만 운명에 좌우되어서도 안 된다. 돌이킬 수 없는 길에 들어서는 그 순간부터 당

신의 인생은 통제를 벗어난다. 당신의 인생은 더 이상 당신의 것이 아니게 되고 돌이킬 수도 없다. 그저 정처 없이 떠돌게 될 뿐이다.

자신의 영혼을
쉽게 팔아 버리지 마라

내가 아직 소송 변호사로 일하던 무렵, 살인 사건을 담당하게 된 적이 있었다. 의뢰인은 '아난(阿南)'이라고 불리는 싼충의 양아치였다.

어느 날, 아난은 몇몇 친구들과 함께 우구취(五股區) 룽미루(龍米路) 부근에 있는 '주점'에서 술을 마셨는데, 다 마시고 난 후 술값이 없자 서로 논의한 끝에 일부러 주정을 부려 술집에서 도망가기로 했다.

아난 일행은 아무 테이블에 가서 가짜로 술에 취한 척한 다음 입씨름을 벌였다. 양쪽이 주먹을 휘두르기 시작하고 의자와 술잔이 날아다니자 아난 일행은 그 틈을 타 술집을 나가기로 했다. 그러나 눈이 날카로운 술집 구역 관리하는 사람들이 상황이 뭔가 수

상쩍음을 발견하고 즉시 동료들을 불러 모았다. 그리고 도망가는 아난을 저지하고 사람들 한 무리가 주점 앞에서 대격전을 벌였다.

동작이 재빠른 아난은 자기 자동차 옆으로 뛰어가서 두 명의 보안 요원을 내동댕이친 후 차에 올라 힘껏 액셀러레이터를 밟았다. 전방에 보안 요원 우두머리인 아더(阿德)가 보였는데도 아난은 뒤에서 그를 받아 버리고 말았다. 아더는 후두부를 자동차 앞 유리에 부딪혔고, 유리는 산산조각이 났다. 아더의 두피는 유리에 붙어 있는데 몸은 앞으로 튕겨 나가 10m 밖으로 떨어졌다. 그런데도 아난은 가속해서 앞으로 지나갔고, 아더를 힘껏 짓누르고 지나가 버렸다.

아더는 몇 번을 발버둥 쳤지만 결국 바닥에 엎드린 채 전혀 움직이지 않았다. 그는 병원으로 옮겨지던 중에 목숨이 끊어졌다. 아내와 세 명의 어린아이를 남긴 채……

아난은 즉시 경찰에 체포되어 재판에 부쳐졌고, 검찰은 살인죄로 수사를 진행했다…….

아난의 가족은 나를 찾아와서 변호 업무를 맡아달라고 부탁했다. 나는 당시 사건에 대해서 오로지 아난 가족들의 진술만 들은 상황이었기 때문에 반드시 직접 구치소를 찾아가서 아난과 접견을 해야 했다.

구치소에서 아난을 처음 만났을 때 첫 느낌은 사람들이 흔히 말하는 '외모는 마음으로부터 생겨난다.'라는 것이었다. 아난은 결코 선량한 사람이라는 인상을 주지 못하는 용모였다. 사건 발생 과정에 대해 깊이 토론한 후, 나는 아난이 무고하다고는 생각할 수 없었다. 당시 아난에게는 아더를 죽일 생각이 있었다.

이 사건을 맡기 전에 나는 패한 적보다 승소한 적이 많았다. 안건만 맡으면 나는 반드시 전력을 다해 당사자가 승소 혹은 무죄 판결을 받게 했다. 나는 내 소송 테크닉에 큰 자신감을 지니고 있었다.

나는 이번 사건을 자세히 연구한 끝에 다음과 같은 사실을 발견했다.

첫째, 아난은 당일 이미 술을 마셔서 의식이 명확하지 않았다.

둘째, 아난은 근시 때문에 시력이 0.3 정도였는데, 당일 차에 충돌하는 과정에서 안경이 떨어졌고, 차를 몰고 가다가 아더에게 부딪혔을 때 안경을 끼고 있지 않았다.

셋째, 그날 저녁에는 비가 내렸던데다 부근에서는 전통적인 조명을 사용했기 때문에 등과 등 사이에 사각지대가 존재했다. 아난의 차 사고가 일어난 지점은 바로 어두운 사각지대였다.

이상의 요소를 종합하여 나는 법정에서 판사에게 '객관적'으로는 아난이 아더를 들이받은 게 확실하지만 '주관적 인지'로서는 '사람'이 아닌 '물건'에 부딪혔다고 생각했다고 진술했다. 그러므로 '고의적 살인'이 되기에는 '주관적 고의'가 부족하므로 기껏해야 '과실치사'가 성립할 뿐이라고 이야기했다.

유리한 증거가 더 많았기 때문에 조금만 더 노력하면 나는 판사를 설득할 자신이 있었다.

고의살인죄의 형량은 사형, 무기징역, 10년 이상의 유기징역이다.

반면 과실치사의 형량은 2년 이하의 유기징역이다.

두 가지 죄목의 차이는 아난의 목숨을 구할 수 있을 정도로 매우 '컸다'.

아난의 가족은 1심만으로 50만 달러의 변호 수임료를 제시했다. 수임료가 매우 매력적인 데다 사건의 난이도가 높아서 최고의 소송 변호사가 되고 싶은 나에게는 좋은 경험을 할 수 있는 절호의 기회였다.

그러나 나는 속으로 생각했다. 만약 내가 아난에게 살아갈 기회를 준다면 당시에 무고하게 죽어간 아더에게 기회를 줄 사람은 누구일까? 아더도 무사히 집에 돌아가 아내와 함께하며 아이들을 안아 주고 싶었을 텐데……

계속해서 아난의 변호를 맡아야 하는가. 나는 복잡하고 힘든 생각에 빠졌다.

우리 집에서는 관공을 모신다. 매번 난해한 문제나 내면의 불안을 느낄 때마다 나는 꼭 관공 앞에서 깊이 생각에 빠진다.

여느 날과 마찬가지로 나는 관공 앞에 서서 향 세 개에 불을 붙이고 내게 지혜를 달라고 기도했다……

향을 향로에 꽂으려는데 돌연 과거에 변호사 시험을 치르기 전에 싱톈궁(行天宮)에 참배하러 갔던 광경이 떠올랐다.

그때 나는 졸업과 동시에 변호사 시험에 합격하기 위해 신중하게 싱톈궁의 관공 앞에서 맹세했다. 변호사로 살아가면서 절대 양심에 어긋나는 사건은 맡지 않겠다고…….

옛날의 맹세가 나를 일깨웠다. 내가 열심히 훌륭한 스킬을 갈고닦은 이유는 아난 같은 사람을 승소하게 만들어 주기 위해서가 아니었다.

며칠 후, 나는 다시금 구치소에 가서 아난과 접견했다. 나는 아난에게 죄를 인정하라고 설득했다. 죄를 인정하기만 하면 나는 계속해서 당신의 변호사를 맡을 것이며, 피해자 가족의 용서를 구하는 데 협조할 것이고, 판사가 가벼운 형을 내릴 수 있도록 도울 거라고 말이다.

그러나 아난은 매우 분개하며 내게 말했다.

"당신 미쳤어요? 내가 얼마나 많은 돈을 들여 변호사를 선임했는데 나더러 죄를 인정하라고요."

몇 차례의 접견을 거친 후 나는 아난의 변호를 맡지 않기로 했다. 그리고 처음에 받은 금액은 전부 아난의 가족에게 돌려주었다.

이번 일로 나는 깊은 깨달음을 얻었다. 비록 학교에서는 나에게 어떤 피고이든 변호를 받을 권리가 있다고 가르쳤어도 이 세상에는 시비가 존재하며, 마음속에는 도덕적인 기준을 측정하는 잣

대가 있다는 생각이 들었다.

만약 내가 아난의 무죄 변호를 도왔다면 승소했다 해도 정말 마음 편히 잠을 잘 수 있었을까? 아더의 가족은 분명 나를 평생 증오했겠지?.

기효람(紀曉嵐)은 말했다. **"변호사에게는 그저 승리만 있을 뿐, 정의는 없다."**

나는 변호 스킬만 뛰어나고 눈앞의 승리를 위해 정의를 잊어버린 '변호사'가 되고 싶지는 않았다.

통상적으로 고액의 변호사 수임료를 지급하는 쪽은 나쁜 사람이다. 아난의 사건을 포기한다는 건 큰돈을 벌 기회를 포기하는 것임을 나는 잘 알고 있었다. 전에 변호사 선배가 내게 해준 말이 있는데, 사건을 좀 더 많이 받아서 승소하면 돈을 기부해 보라고 했다. 그러면 마음이 금방 풀린다고, 어차피 다들 사회에 섞여서 먹고사는 처지니까 말이다.

그러나 나는 포기하기를 원했다. 과거 관공 앞에서 했던 맹세를 항상 기억하고 있고, 나의 영혼을 팔아 버릴 수는 없었기 때문이다.

사람들은 대부분 자기 자신에게 가치를 매긴다. 특히 나이가 들고, 생활에서의 스트레스가 늘어날수록 초심과 열정은 변질되기 쉽다.

매일 거울 속 자신에게 나는 누구인가 확실하게 물어보라. 그러지 않으면 어느 날, 자신이 쉽게 영혼을 팔아 버렸다는 사실에 깜짝 놀라게 될 것이다.

사람이 평생 돈을 얼마나 벌 수 있는지는 이미 운명으로 정해져 있다. 억지로 구한다고 바꿀 수 있는 게 아니다.

그러나 나는 사람은 한평생을 살면서 적어도 나 자신에게는 떳떳해야 한다고 생각한다.

준비된 사람만이
'우연'을 '기회'로 바꿀 수 있다

빈부귀천을 막론하고 사람은 평생을 살아가면서 수많은 '우연'을 만난다. 그러나 태도가 좋고 준비된 사람만이 비로소 이러한 우연을 마주했을 때 인생을 역전시킬 '기회'로 만들 수 있다.

최근 우리 사무소는 업무 확장 때문에 웹상에 사무 보조 및 법무 보조 직원 모집 공고를 냈다. 일주일도 안 되었는데 우리는 거의 300통에 달하는 이력서를 받았다. 지원자가 너무 많아서 사무소 동료들 모두가 깜짝 놀랄 정도였다.

이력서가 너무 많았기 때문에 먼저 한 통 한 통 선별을 거친 후 다시 면접 예비 후보를 뽑았다. 나는 모든 이력서를 한 통씩 자세히 보다가 요즘 사람들은 이력서를 보낼 때 대다수가 인터넷 인력 은행의 양식을 따른다는 사실을 발견했다. 똑같은 이력서를 몇백 군데 회사에 보내고 면접 기회를 기대하는 것이다.

사실 이런 식으로 이력서를 넣는 건 큰 문제가 있다. 내가 자주 말하는 것처럼 일자리를 찾는 과정은 구애 과정이나 마찬가지다. 내용이 완전히 똑같은 러브레터를 수백 명의 여성에게 보내고 데이트를 기대할 것인가? 똑같은 이력서를 보고 당신이 일자리를 대하는 올바른 태도를 지녔다고 생각할 수 있을 것 같은가? 그래서 나는 천편일률적인 이력서가 아닌 이력서, 특히 우리 회사에 지원한 '동기'를 쓴 부분이 보이면 몇 초라도 더 유의해서 읽었다.

그리고 나는 이력서를 볼 때 반드시 먼저 지원자의 사진과 신장, 체중을 본다. 이는 결코 내가 '외모지상주의자'여서가 아니라, 일종의 상식이다. 회사의 대표 혹은 관리자에게는 당연히 먼저 지원자의 기본적인 외형을 알 권리가 있다. 외형은 한 사람이 지닌 첫인상이며, 심지어 가장 깊은 인상을 남기기도 하기 때문이다. 그러나 수많은 사람이 이력서의 사진란에 '밝힐 수 없음'이라는 주석을 달아놓는다. 신장이나 체중도 마찬가지다. 당신은 자신이 최후의 빌런이라도 되는 줄 아는가? 아니면 면접관을 위한 '서프라이즈'라도 준비하는 것인가?

만약 그렇다면 당신의 생각이 너무 멀리 나간 것이다. 왜냐하면 면접관을 만날 기회조차 없을 테니까. 수백 통의 이력서 중에서 면접을 볼 가치가 있는 사람을 걸러내는 것만으로도 면접관은 이미 고생이다. 그런데 '쓸데없는 서프라이즈'를 기대할 마음이 있겠는가? 나는 그런 이력서는 아예 바로 내다 버린다.

자기소개 부분을 읽다 보면 더 놀라지 않을 수 없다. 오타가 수두룩할 뿐만 아니라 이야기가 천편일률적인 사람이 너무 많다. 게다가 보다 보면 단번에 '지어낸' 이야기임을 알 수 있다. 심지어는 이야기를 한 번 더 꼬아 자기소개 부분에 '면접 때 알려 드리겠습니다.'라고 쓰는 사람도 있다. 그렇다면 면접장에서 그 사람을 위한 자기소개 강연회라도 열어줘야 하는가? 도대체 이게 무슨 쓸데없는 짓이란 말인가?

수백 통의 이력서를 본 것만으로도 나는 이미 기진맥진해졌다. 그러나 가까스로 이력서 중에서 '한번 만나볼 필요가 있는 것처럼 보이는' 지원자를 선별했다. 대략 10명 정도였는데 나는 명단을 비서에게 건네고 시간 약속을 잡으라고 했다.

비서가 시간 약속을 마치고 나한테 보고를 하러 왔다가 물었다.

"한 여자분이 면접 시간을 아침 10시 30분 이후나 오후 3시 30분 이후로 배정해 줄 수 있냐는데요?"

전화할 때 비서는 그 면접자에게 이유를 물었다고 한다.

"왜 그러시는데요?"

면접자가 대답했다.

"시간이 너무 이르면 못 일어날까 봐요. 점심을 먹은 후에도 낮잠을 자야 하거든요."

비서는 내게 그 면접자와 약속을 잡아야 하냐고 물었다. 나는 반문했다.

"비서님 생각은요?"

드디어 면접 당일이 되었다. 그날은 수요일이었는데 첫 면접자와 오전 9시에 약속이 잡혀 있었다. 나는 8시 30분에 사무실에 도착해서 다시 한번 면접자의 이력서를 자세히 살펴보고 잠시 후 면접 때 물어볼 질문을 준비했다.

9시 10분이 되었는데도 면접자가 모습을 드러내지 않아서 비서가 전화를 걸어 물어보았다. 면접자는 아직 자는 듯한 목소리로 말했다.

"오늘이 면접이에요? 다음 주 수요일 아니었나요?"

나는 화를 참으며 두 번째 면접자를 기다릴 수밖에 없었다.

9시 30분, 두 번째 면접자가 도착할 시간이 되었는데 또 사람이 나타나지를 않는 것이다. 비서가 다시 전화를 걸어 확인했다. 면접자는 이렇게 말했다고 한다.

"갑자기 면접에 가고 싶지 않아졌어요. 조금 이따 NBA에서 활약하는 린수하오(林書豪)가 리드하는 뉴욕 닉스와 토론토 랩터스 경기를 생방송하거든요."

비서는 물었다.

"그럼 전화로 말을 해주셨어야죠?"

그는 약간 놀라며 대답했다.

"면접에 가고 싶지 않다고 따로 연락을 해야 해요? 저는 가도 그만 안 가도 그만인 줄 알았는데요."

나는 정말 할 말을 잃었다…….

이어서 몇몇 면접자들과는 순조롭게 면접이 진행되었다. 그러다 오후 2시가 되어 또 문제가 발생했다. 면접자가 사무소에 전화를 걸어 왔다.

"정말 죄송합니다. 사무소 주소 좀 가르쳐 주실 수 있을까요? 조금 전에 일이 좀 생겨서 2시 반은 되어야 도착할 것 같은데, 괜찮을까요?"

비서는 괜찮다고 대답할 수밖에 없었다.

2시 30분이 되었는데도 그 면접자는 모습을 드러내지 않았다. 이때 또 전화가 걸려 왔다.

"아까 전까지 버스를 기다리다가 간신히 탔어요. 3시 30분은 되어야 도착할 것 같은데 괜찮을까요?"

비서는 이미 사무소에 도착한 다른 지원자를 먼저 면접장에 들여보냈다.

3시 30분이 되었는데 지원자가 아직도 도착하지 않은 게 아닌가? 그래서 비서가 전화를 걸었는데도 받지를 않았다?. 나는 그녀가 길에서 무슨 일이라도 생겼는지 걱정이 되어서 비서에게 30분 간격으로 계속 전화를 걸라고 했다. 전화는 신호가 가기는 했지만 받지는 않았다. 5시 30분까지 기다리다가 우리도 퇴근할 시간이 되어서 비서에게 마지막으로 한 번만 더 걸어 보라고 했다. 이번에는 아예 신호가 가지도 않았다. 상대방이 휴대폰을 아예 꺼 버린 것이다……

인력 은행의 통계에 의하면 사회 초년생들은 평균 74통의 이력서를 넣어야 비로소 한 번의 면접 기회를 잡을 수 있다고 한다. 이 수치를 바탕으로 경제 상황이 안 좋아져서 수많은 사회 초년생이 일자리를 찾지 못한다고 해석했다. 사실 사회 초년생들의 구직 문제를 단순히 숫자로만 해석하는 데는 문제가 있다. 만약 젊은이들이 앞서 내가 언급한 몇몇 지원자 같은 태도로 일자리를 찾는다면 내가 보기에는 74통이 아니라 뒷자리에 0을 하나 더 붙여야 할 것 같다. 그런 지원자들의 면접을 진행하는 회사 대표들은 분명 정신 건강이 나빠질 것이다.

사람은 평생 수많은 '우연'을 만난다. 그러나 우연이 눈앞에 있을 때, 태도가 좋고 준비된 사람만이 눈앞의 우연을 인생을 역전시키는 '기회'로 만들 수 있다. 그러지 않으면 눈앞의 우연은 한순간에 사라져 버린다. 다른 사람이 자신에게 기회를 주지 않는다고, 사회가 나에게 불공평하다고 불평하지만 당신은 정말로 진지하게 자신의 태도와 준비성을 반성한 적이 있는가?

자신만의 독특한 가치를
창조하라

화거(華哥)는 정말 미스터리한 사람이다. 대략 55세쯤 되었고, 윈린(雲林) 사람인데 교우 관계가 정말 넓다. 화거의 사무실에서는 항상 수많은 사람이 '차를 마시고' 있다. 심지어 식사할 시간이 되면 화거의 '비서 그룹'이 각양각색의 요리를 준비하는데, 마치 사무실에 연회라도 열린 것 같다.

평소와 마찬가지로 나는 오후에 화거의 사무실에서 차를 마시고 있었다. 그런데 갑자기 웬 모녀가 눈물을 뚝뚝 흘리면서 사무실로 뛰어 들어와 바닥에 무릎을 꿇는 게 아닌가. 화거는 두 사람에게 우선 앉으라고 권하고 무슨 일인지 천천히 이야기해 보라고 했다.

"화거, 제발 저희 집안 좀 구해 주세요. 망할 놈의 남편이 도박을 좋아하는 몹쓸 버릇을 버리지 못하고 지난주에 마카오의 카지노에 갔다가 큰 빚을 졌어요. 그런데 돈을 갚지 못해서 지금 카지노에 억류되어 있어요. 죽어도 싸기는 하지만 어쨌든 제 남편이고 아이의 아버지잖아요. 아이가 겨우 6살이라 저희는 남편이 필요해요. 화거, 부디 넓은 아량을 베풀어 주세요. 제발 그 인간 목숨 좀 살려 주세요."

부인이 눈물을 흘리며 이야기했다.

"얼마나 빚을 졌는데요?"

"카지노 사람 말로는 600만 달러래요."

"갚을 수는 있겠어요?"

"집을 먼저 저당잡으려고 하는데 그러면 간신히 모이기는 해요. 그런데 그러려면 며칠이 걸려요. 그렇지만 그게 마지막 남은 재산이에요……."

화거는 도박을 좋아하는 남편이라는 사람이 몹쓸 버릇 때문에 적지 않은 문제를 일으켰다는 사실을 알고 있었다. 그러나 화거의 말에 의하면 리주(麗珠)라는 이름의 부인은 아주 선량하고 지혜로운 여인이라고 했다. 다 남자를 잘못 만나서 이렇게 고생하는 거라고…….

화거는 부인에게 남편이 어느 카지노에 억류되어 있는지 물은 후 차를 마시며 몇 분쯤 생각했다……. 그리고 나서 휴대폰을 들더니 마카오에 전화를 걸었다. 대략 5분쯤 통화를 한 후 전화를 끊었다.

화거는 리주 씨에게 조금만 기다리라고만 할 뿐 별다른 말은 하지 않았다. 리주 씨는 가만히 옆자리에 앉아 있었는데 표정에는 긴장감과 걱정이 다 묻어 나왔다. 그러나 모두들 평소대로 차를 마시면서 이야기를 나누었다.

대략 1시간쯤 지났을 무렵, 화거의 전화가 울렸다. 리주 씨의 남편이 이미 마카오 공항에 도착해서 대만으로 돌아오는 비행기에 탑승했다는 소식이었다. 전화 한 통으로 마카오의 국제 카지노에서 사람을 풀어 준다고?. 옆에서 지켜보던 나는 어안이 벙벙했다.

리주 씨는 그제야 얼굴에 미소를 짓더니 연신 화거의 도움에 감사했다. 옆에 있던 여자아이까지도 계속해서 이야기했다.

"감사합니다, 아저씨."

두 모녀가 자리를 뜬 후 나는 화거에게 어떻게 한 거냐고 물었다. 너무 신기했기 때문이다.

"별거 아니야. 나는 아는 분야도 별로 없고 가진 것도 없어. 그저 형제들이 많을 뿐이지. 다 형제들의 도움 덕택이야."

화거는 담담하게 대답한 다음 다시 차를 마시며 이야기를 나누었다.

집에 돌아온 후 나는 한참 생각에 빠졌다. 도대체 얼마나 깊고 넓은 인맥이기에 전화 한 통만으로 마카오의 국제 카지노에서 사람을 구해 낼 수 있단 말인가? 물론 우리가 모두 카지노에서 사람을 구해 낼 능력을 갖추어야 한다는 말은 절대 아니다. 여기에서 매우 중요한 포인트는 바로 '일 처리' 능력이다.

내 주위의 경영자들은 모두 자기만의 사업 분야를 소유하고 있지만 나는 그들의 일 처리 능력이 결코 자신의 사업 분야에만 속하지 않는다는 사실을 발견했다. 그리고 '언제나 방법이 있고', '연줄이 많다는' 인상을 준다.

내가 받은 인상과 학교에서 배운 것은 달랐다. 선생님은 항상 우리에게 '본업에 충실하라'고 가르쳤다. 나의 본업은 변호사고, 법률 전문성은 나의 생존 기술이다. 갓 변호사가 되었을 때 나는 법률 분야를 연구하는 데 집중했다. 만약 법률문제가 아니면 기본적으로 나는 큰 흥미를 느끼지 못했고, 어떻게 처리해야 할지 연구할 생각도 없었다.

그러나 나는 점차 이러한 생각이 너무 제한적이라는 사실을 발견했다. 다른 사람들이 매일 법률적인 문제에 맞닥뜨리지는 않기 때문이다. 비즈니스업계에서 변호사는 경영자들에게 매우 중요한 존재지만 가장 관건이 되는 것은 아니다. 가장 중요한 것은 '문제를 해결하는' 능력이다.

한번 생각해 보자. 만약 어떤 문제가 생겨도 항상 잘 처리하고 해결하는 사람이 있다. 그렇다면 당신은 그 사람과 친구가 되고 싶지 않겠는가? 그를 당신 곁에 두고 싶지 않겠는가?

그러므로 **다양한 문제 해결 능력을 갖추었을 때, 당신의 가치는 높이 상승하고 더 나아가 최고 경영자들 곁에 없어서는 안 될 역할을 맡을 수 있다.**

사람은 매일 시간과 기력에 한계가 있고, 당신 혼자 힘으로는 다양한 문제를 해결하는 방법을 배울 수 없다. 이는 경영자가 당신을 자기 곁에 두고 싶어 하는 이유이기도 하다. 경영자들 또한 시간과 기력이 모자라기 때문이다. 그렇다면 어떻게 해야 '환상적인' 생존 스킬을 소유할 수 있을까? 답은 매우 간단하다. 당신은 반드시 수많은 '친구'의 도움에 의지해야 한다.

사람은 사회에서 수십 년간 활동하며 살아가면서 각자의 전문 분야에서 끊임없이 배우고 성장한다. 당신은 단기간에는 분야를 초월해 다른 사람을 배우거나 이길 수 없다. 이러한 점을 깨달은 후, 나는 더 이상 단순히 나 자신에게만 의지해 문제를 해결하려 하지 않는다. 다른 사람의 두 손과 노력, 시간, 머리로부터 문제를 해결하는 법을 배운다.

나는 각종 문제 해결 능력을 수집하기 시작하면서 당연하게도 나 자신만의 연마에 의지하지 않고 내 주위에 있는 모든 친구의 능력을 정리했다. 몇 년 동안 '실무 경험'을 쌓으면서 내가 해결할 수 있는 문제의 종류는 갈수록 많아졌다. 단순한 '전문 변호사'에서

'잡학자'로 점차 변화했다.

경영자들은 다양한 문제를 마주했을 때 바로 나를 떠올리고 나에게 문제를 해결할 방법, 즉 '연줄'이 있는지 묻는다. 사소하게는 호텔 예약, 스마트폰 설정부터 크게는 수십억의 토지 거래까지…….

'연줄'은 사회에서 매우 중요하다.

예를 들어 만약 큰 병이 나서 수술해야 하는데 당신은 대충 인터넷에서 의사를 찾아볼 것인가? 아니면 '최고의' 의사를 찾을 것인가? 누가 최고의 의사인 줄은 알아도 그 의사가 당신을 아는가? 그렇다면 그 의사를 잘 아는 사람이 당신을 소개해 주는 게 중요하다는 생각이 들지 않는가? 이것이 바로 연줄의 힘이다.

최고 경영자들은 말한다. **비즈니스전은 정보전이다.**

연줄은 일종의 정보망이다. 특히 부동산 투자 분야에서 정보의 정확도는 승패를 결정하는 관건이다.

정확도, 보안, 가치가 높은 정보일수록 사람을 따라다닌다.

그러므로 수많은 정보와 연줄을 소유한 사람은 반드시 감탄할 만한 인맥을 소유하고 있다.

경영자들은 항상 나에게 가르쳐 준다.

"다른 사람은 전화 한 통만으로 해결하는 일인데 자네는 거

절당하면 아무리 전문성이 있어도 소용이 없지."

어쩌면 당신은 물을지도 모른다. 왜 다들 쉬펑위안을 도와주려고 할까?

이유 없이 자신의 시간과 노력, 관계를 들여 당신을 도와주려는 사람은 없다. 이것이 바로 사회다. 당신은 이 말을 항상 유념하는 편이 좋을 것이다.

일 처리에 필요한 건 '사람'이고, 내가 모든 일을 처리할 수는 없으며 다른 사람의 도움이 필요하다는 사실을 알게 되었을 때, 나는 먼저 다른 사람을 돕는 일부터 시작했다.

내 본업은 변호사이기 때문에 수많은 사람이 법률문제를 묻기 위해 나를 찾는다. 일반적인 변호사는 상담비나 방문자가 얼마나 많은 수임료를 낼 수 있는지에만 신경을 쓰겠지만 나는 '친구를 사귀는 것'에 중점을 둔다. 나에게 도움을 청하러 오는 사람을 절대 '고객'으로 여기지 않고, '친구'나 '형제'로 간주한다.

어쩌면 당신은 의무적으로 남을 돕는 나를 어리석은 사람이라고 생각할지도 모른다. 그러나 나는 형님뻘 되는 분이 나에게 해준 한마디를 항상 기억하고 있다.

"인정을 베푸는 게 고리대금보다 나아."

다른 사람이 원하는 것을 손에 넣도록 많이 도와야 한다. 그런 다음 인내심 있게 기다리기만 하면 된다. 그러면 결국 언젠가 당신도 원하는 것을 손에 넣을 수 있을 것이다.

사람과 사람이 함께 살아가는 데 있어 연구할 것은 '감정 문제'다. 만약 당신이 무슨 일이든 이익을 따진다면 다른 사람도 바보가 아닌 이상 당신이 계산할 수 있는 걸 계산하지 못하겠는가? 당신이 진심으로 남을 돕고 계산하지 않을 때, 상대방도 당신에게 계산적으로 나오기 어렵다. 서로 계산할 수 없는 '인정의 빚'을 지고 있을 때, 그 관계가 오래되면 서로 간의 '정'으로 변화하는 것이다.

다른 사람이 당신에게 도움을 청할 때 항상 '나는 잘 모르는 일이다.', '나는 못 한다.', '너무 바쁘다.'라며 핑계를 댄다면 이는 가장 간단한 처리 방법이다. 그러나 이렇게 게으르고 구차한 마음가짐은 종종 자신의 가치를 떨어뜨린다. 나 자신을 중시받지 못하고 존중을 받을 가치가 없는 소인배로 규정하는 셈이다.

자기 일도 아닌데 누가 도우려고 하느냐고? 부디 나를 믿어라. 당신은 반드시 다른 사람에게 도움을 부탁할 날이 있을 것이다.

다른 사람의 도움이 필요할 때가 되어서야 비로소 인간관계가 거의 모든 일을 해결해 준다는 사실을 발견할 수 있다. 이용할 수 있는 인간관계를 찾지 못하면 아무리 많은 돈을 들여도 해결할 수 없는 일이 있다. 반대로 만약 당신이 항상 시간을 내어 다른 사람에게 협조한다면 비록 약간 불편하고 귀찮기는 해도 당신이 다른 사람의 도움이 필요할 때 과거에 했던 '사소한 수고'가 당신에게 얼마나 놀라운 도움이 되는지 알게 될 것이다.

사람과 사람이 함께 살아가기 위해서는 끊임없이 서로를 도와야 한다. 당신이 내게 인정을 베풀고, 나도 당신에게 인정을 베풀면서 서로의 정을 유지하는 것이 바로 소위 말하는 '처세술'이다.

내가 수많은 경영자의 곁에서 개인 고문을 맡을 수 있었던 이유는 내가 중요한 인상, 즉 '저를 써먹을 데가 있으시면 언제든지 말씀만 하십시오.'라는 인상을 주었기 때문이다. 그렇게 오랜 세월이 흐르고 보니 모두 문제가 생겼을 때 '이런 때에 펑위안은 어떻게 생각할까? 어쩌면 펑위안에게 특별한 비결이 있지 않을까? 그의 의견을 진심으로 들어 보고 싶은데.'라는 생각을 떠올리게 되었다. 이것이 바로 나만의 '독특한 가치'다.

'당신과 교제하지 않으면 얻지 못하는 가치', 이것이 바로 '독특한 가치'다.

다양한 난제를 해결할 수 있는 능력을 갖춘 사람은 현실 사회에서 매우 드물다. 문제 해결은 자기 혼자 힘만으로는 할 수 없고, 아주 많은 친구의 도움이 필요하다. '정'은 바로 이렇게 소중한 정보망을 존재하게 해주는 밑바탕이다. 한번 생각해 보자. 만약 당신이 어려운 상황에 맞닥뜨렸는데, 온 힘을 다하고 시간과 돈을 수없이 쏟아부었는데도 여전히 속수무책이다. 그런데 어떤 사람에게 전화 한 통만 걸면 일이 순조롭게 해결된다면 그런 친구를 안 사귀고 배길 수 있을까? 그 사람을 친구로 삼고 싶은 게 당연하지 않을까?

당신에게 이처럼 '희귀한' 능력이 있다면 사회에서 생존할 수 있는 능력을 갖춘 셈이다. 이로써 당신만의 독특한 가치를 창조해낼 수 있다. 게다가 수많은 경영자가 당신을 쟁취하기 위해 경쟁하고, 당신 같은 '대단한 인재'를 자기편으로 끌어들이고 싶어 할 것이다.

부디 나를 믿어라. '저를 써먹을 데가 있으시면 언제든지 말씀만 하십시오.'라는 인상을 주면 사회적인 인간관계에서 예상하지 못한 도움을 얻을 수 있다.

사람이 실패하는 이유는
몇 가지에 불과하다

아리(阿力)는 핑둥(屏東)에서 타이베이에 올라와 열심히 사는 청년이었다. 처음 타이베이에 왔을 때, 아리는 한 마라훠궈(麻辣火鍋) 가게의 주방 보조직에 지원했다. 오리피, 두부 같은 훠궈 재료를 책임지고 2만 8천 달러를 월급으로 받았다. 일상에 꼭 필요한 지출을 빼고 남은 금액은 학자금 대출을 갚고 핑둥의 본가에 보내야 했다.

몇 년 동안 일한 끝에 아리는 마라훠궈 재료를 만드는 기술은 배웠지만 저축한 돈은 별로 없었다. 유일한 기쁨은 학자금 대출 상환을 마쳤다는 점이었다.

우연한 모임에서 아리는 무역업에 종사하는 천(陳) 사장을 알게 되었다. 천 사장은 미식가라 맛있는 음식에 정통한 사람으로,

마라훠궈 가게를 내고 싶었지만 마땅한 사람을 찾지 못했다. 마침 아리가 마라훠궈 재료를 만들 줄 알았기 때문에 천 사장은 아리에게 함께 마라훠궈 가게를 열자고 도움을 청했다. 거기에 우(吳) 사장이라는 사람과 궈(郭) 사장이라는 사람까지 합세해 총 네 사람이 단번에 의기투합했다. 사장 세 사람이 출자해 자본금으로 1,200만 달러를 모아 마라훠궈 가게를 정식으로 열었다.

젊은 사람을 배려하는 차원에서 사장 세 사람은 아리에게 출자는 하지 말고 마라훠궈 만드는 데만 전념하라고 했다. 요리 기술만 제공하는데도 10%, 즉 120만 달러의 가치가 있는 주식을 소유할 수 있게 해주었다. 게다가 매니저 직급을 맡아 매달 기본급만 5만 달러를 받았고, 보너스는 따로 계산했다. 아리는 마치 꿈을 꾸는 것처럼 기뻤다.

처음 가게를 시작했을 때는 장사가 잘 되지 않아서 계속 손해만 보았다. 모두 가게를 계속 경영하기 위해 다시 한번 1,200만 달러를 출자하는 데 동의했다. 이전과 마찬가지로 아리는 요리 기술만 제공하고 출자할 필요는 없었다. 그러면서도 여전히 10%의 주식을 소유할 수 있었다. 모두가 함께 노력한 끝에 장사는 점차 호전되기 시작했고, 드디어 3년째 되던 해에 손익분기점을 달성하고 큰돈이 벌리기 시작했다.

몇 년 후, 가게는 모두가 깜짝 놀랄 정도로 장사가 잘되었다. 아리의 경우, 10%의 주식을 소유하고 있어서 매년 배당금만 거의

400만 달러를 수령했다. 여기에 매니저 기본급과 보너스까지 합치면 1년에 500만 달러가 넘는 돈을 받았다.

당시 천 사장이 아리에게 이런 기회를 준 이유는 아리를 자기 아들처럼 아꼈기 때문이다. 심지어 타이베이에 집을 사면서 옆집을 아리의 집으로 함께 계약했다. 아리는 선금을 낼 수가 없었는데, 천 사장은 두말하지 않고 무이자로 돈을 빌려주었다. 몇 년이 흐른 후, 집값은 천만 달러가 넘게 가치가 올라갔다.

시골에서 올라온 촌뜨기 청년이었던 아리는 귀인의 도움을 받은 데다 열심히 노력까지 해서 완전히 인생을 역전했다.

세 번째 지점을 낸 후 가게는 더 많은 돈을 벌었고, 아리도 삶을 즐기기 시작했다. 전신을 명품으로 치장하고, 최신 스타일 BMW도 구매했다. 일이 끝나면 친구들과 술집에 가서 스트레스를 풀고 물질적으로 풍요롭고 '쾌적한' 생활을 했다.

아리는 더 이상 과거의 촌뜨기 청년이 아니었다. 그는 생각했다.

'주주 세 사람은 초기에 출자만 했지 가게 경영은 전부 내가 책임졌잖아. 세 사람은 매번 회의할 때나 가게에 들렀고, 나는 죽도록 노력하고 있는데 세 사람은 머리나 요리조리 굴리면서 여기를 개선해야 한다는 둥, 저기를 개선해야 한다는 둥 말만 많고. 내가 아무리 노력해도 결국 나에게 돌아오는 건 주식 10%뿐이잖아. 벌어들인 돈은 전부 세 사람이 나눠 가져가고.'

아리의 물질적 욕망은 갈수록 커졌다. 매월 씀씀이도 늘어났고, 매일 어떻게 하면 더 큰 돈을 벌 수 있는지 생각했다. 그러자 세 사람의 주주가 점점 '눈에 거슬리기' 시작했고, 그 사람들이 '쓸모없는' 늙은이들이라는 생각이 들었다…….

아리는 더 많은 돈을 벌기 위해 공급업자에게 커미션을 요구하기 시작했다. 이에 따라 식재료의 품질이 점점 떨어졌고, 가게 장부는 더 이상 깨끗하지 않았다. 주주 세 사람은 단번에 문제점을 알아차리고 아리에게 개선을 요구했지만 아리는 더 이상 그들의 통제를 받고 싶지 않았다. 모두의 관계는 날이 갈수록 악화하였다…….

반년 후, 아리는 드디어 심혈을 기울인 계획을 완성했다. 그는 몇몇 경리 및 팀장과 함께 오랫동안 비밀리에 도모해 온 계획을 실현했다. 그들은 합자로 몰래 타이베이에 다른 마라훠궈 가게를 열 예정이었고 이미 내부 인테리어까지 마쳤다. 몰래 낸 가게에서 아리의 주식 지분은 40%였고, 연말에 정식으로 개점할 예정이었다.

아리 일행은 원래 근무하던 가게에서 나오는 연말 보너스를 받은 다음 바로 퇴사할 계획이었다. 단번에 주요 관리 직원을 18명이나 잃은 가게는 분명 인력 부족으로 크게 혼란스러워질 것이었다.

드디어 연말 보너스를 받는 날이 다가왔다. 아리와 한패인 사람들이 연말 보너스를 수령하고 한꺼번에 퇴직 의향을 밝히는데도 주주 세 사람은 전혀 놀랍다는 반응을 보이지 않았다. 오히려 담담하게 모두의 앞날을 축복해 줄 뿐이었다. 이윽고 문밖에서 20명이 넘는 새로운 얼굴이 들어왔다. 눈치가 빠른 아리는 그중 한 사람을 알아보았는데, 과거에 아리에게 마라훠궈를 가르쳐 준 사부였다.

알고 보니 주주 세 사람은 일찌감치 아리의 '배신'을 예상하고 심혈을 기울인 대비를 해 왔던 것이다. 순식간에 가게의 경영진을 전부 바꾸어 버리고 경험이 풍부한 팀원들을 투입해서 가게 경영은 '공백기 없이 순조롭게 이어졌다'.

당신이 다른 사람을 바보로 여길 때, 사실 가장 바보는 바로 당신이다.

아리가 계획을 세우고 있을 때, 세 명의 주주는 일찌감치 이상한 낌새를 눈치채고 묵묵히 더 교묘한 계획을 세웠다. 세 명의 주주를 바보라고 생각한 아리는 자신의 계획이 절대 발각되지 않을 거로 생각했다. 자기가 가게를 그만두면 세 주주가 속수무책으로 당황할 거라고 예상했지만 결과적으로 바보는 아리 자신이었다. 게다가 참으로 소인배였다…….

아리는 정신이 멍해졌다. 아리는 자기가 완벽한 계획을 세웠다고 생각했지만 차 한 잔 마실 새에 모든 계획이 무너졌다. 아리는 묵묵히 자신의 '동료'를 데리고 가게를 떠날 수밖에 없었다.

순수하게 이익으로만 결합한 무리는 결코 오래가지 못한다.

아리의 새로운 마라훠궈 가게는 처음에는 장사가 잘되었지만 주주가 많았다. 이때 아리는 비로소 자기가 데려온 직원들이 가게의 경영자 감은 아니라는 사실을 발견했다. 그들은 앞을 내다보는 경영을 하지 못했다. 매번 주주총회가 열리면 이 사람 저 사람 제각기 떠들어대서 서로 마음만 상했고, 안 좋게 끝난 회의는 다음 날 바로 근무 분위기에 영향을 주었다. 다들 소극적이고 비협조적이었고, 업무 분담에도 문제가 발생했다. 그러자 서비스의 질이 떨어지고, 손님들의 불만이 끊이지 않게 되었고…… 얼마 가지 않아 점차 장사가 안 되기 시작했다.

더욱 난감한 점은 마라훠궈 가게에서 풍기는 농후한 냄새 때문에 인근 주민들이 불만을 표시하고 항의하는 것이었다. 심지어 관할기관에 고발하기도 했다. 전에 있던 가게에서는 일 처리가 원활하고 정, 경계에 인맥이 두터운 천 사장이 나서서 항상 원만한 결과를 얻었지만 지금은 이런 문제가 아리의 머리를 아프게 했다. 아리는 마라훠궈를 만들고 식당 현장 관리만 할 줄 알지 법률이나 정치적 문제에는 익숙하지 않기 때문이었다. 결국 주민들의 불만을 수습하지 못하고 건설 관리부서와 소방서로부터 거액의 벌금 처벌을 받았다.

이때 아리는 '쓸모없는' 것처럼 보였던 세 명의 사장을 떠올렸다. 그리고 오로지 음식 만들기에만 전념하고 현장 관리만 하면 되었던 편안한 과거가 그리워지기 시작했다. 알고 보니 사장은 아무나 할 수 있는 일이 아니었다…….

반년도 되지 않아 아리가 새롭게 연 마라훠궈 가게는 세 사장의 예상대로 도산하고 말았다.

아리는 천진난만하게 생각했다.

'괜찮아. 적어도 내게는 예전 마라훠궈 가게의 10%의 지분이 남아있으니까. 매년 4백만 달러에 가까운 배당금을 받을 수 있어…….'

주식의 신 워런 버핏(Warren Buffett)은 말했다,

"어린 강아지에게는 노련한 재주를 가르치지 못한다."

세 명의 사장은 비즈니스업계의 베테랑이었다. 그런 사람들이 이토록 천진난만한 '애송이'의 뜻대로 상황이 흘러가기를 허락했을까?

최근 열린 주주총회에서 세 명의 주주는 공동으로 가게의 주식 증자안을 통과시켰다. 이는 가게의 경영을 확대하고 새로운 분점을 열 자금을 모집하기 위해서였다. 결과 2억 4천만 달러의 증자가 결정되었다.

아리의 저금은 모두 새로운 마라훠궈 가게의 배상에 쓰였다. 게다가 적지 않은 채무가 있었고, 막대한 주택융자금도 압박이었기 때문에 전 가게의 주식 10%, 즉 2,400만 달러를 인수할 현금을

융통하지 못했다. 이에 아리의 주식은 약 1%만 남게 되었다. 그 밖에도 전 가게는 정상적인 경영을 유지하고 확장 자금을 비축하기 위해 향후 5년 동안은 배당금을 지급하지 않기로 정했다.

일련의 조치에 막중한 재무적 압박을 받고 있던 아리는 두 손 두 발을 다 들었다. 그는 남은 주식을 팔아 현금을 마련하기로 했다. 그리고 집도 팔아서 재무적인 압박을 해결했다. 과거 아리를 발탁해 주었던 천 사장은 단번에 출자하여 아리가 가진 모든 주식과 자산을 매입했다.

몇 년 동안 엎치락뒤치락한 끝에 아리는 결국 아무것도 없었던 시절로 돌아갔다. 게다가 적지 않은 빚까지 지고 있었다……

'다른 사람의 성공 방식을 배울 필요는 없지만 실패의 교훈은 명심해야 한다. 사람의 성공 방식은 제각각이다. 재능, 환경, 기회가 다 다르기 때문에 성공은 배울 수 없다. 그러나 사람이 실패하는 이유는 항상 몇 가지로 귀결된다.'

-알리바바 창시자 마윈(馬雲)

사람이 실패하는 이유는 거의 비슷한데, 모두 '인성의 약점'에서 비롯된다. 인생의 선배가 일깨워 주지 않고 자기 힘으로만 인성의 약점을 깨닫고 피하기란 거의 불가능에 가깝다.

'너무 어려서 성공하면 불행해진다.'라는 말에는 더욱 깊은 뜻이 담겨있다. 젊은 사람이 너무 일찍 성공하면 과도한 '자신감' 때문에 성공을 당연한 것으로 여기고, 모든 영광을 자신의 노력으로 돌리기 쉽다. 그리고 인생의 선배가 자신을 '발탁해 준 은혜'를 잊는데, 그러면 인생의 선배는 더 이상 조언을 하지 않게 된다. 혹은 젊은 사람이 아예 인생의 선배를 무시하거나 그들이 하는 말을 귓등으로도 듣지 않는다.

마음이 '욕심'에 뒤덮였을 때, 당신의 '마음'은 더 이상 강인하지 않다. 오히려 나약하게 변해서 사람들에게 이용당하고 공격을 당하기에 가장 좋은 계기가 된다. 실패는 당신이 욕심을 부리는 다음 순간에 반드시 찾아온다.

차라리 3천만 달러를
덜 벌고 말지

류(劉) 형님은 국제 로터리 클럽에서 알게 된 분인데 의리를 중시하신다. 평소에 나를 보살펴 주시고, 술을 마시면 항상 농담으로 어느 날 본인이 세상을 떠나면 자신의 '전설적인' 이야기를 책으로 써 달라고 말씀하신다. 그래서 류 형님은 항상 술에 취하면 자신의 창업 이야기를 계속 말씀하신다. 나는 이미 수십 번이나 들었다……

류 형님은 싼충 사람으로 집안이 가난해서 어린 나이에 사회에 나가 열심히 돈을 벌었다. 화물운송업계에 기사로 들어가 몇 년 후 약간의 돈을 모았고, 20대 초반에 사직하고 창업하기로 결심했다.

막 창업했을 때, 류 형님은 중고 소형 화물차를 몰면서 어떤 화물 운송 업무든 다 받아들였다. 이윤도 높지 않고 그저 품삯이나 받을 뿐인 생활을 1년 동안 견뎌낸 류 형님은 은행에서 대출받아 업체 규모를 확장하기로 했다. 그리고 신문 운송 업무를 받기 시작했다.

호탕하고 '형제애'가 매우 강한 류 형님의 성격은 화물차 기사들을 관리하고 팀을 설립하는 데 유리했다. 그래서 얼마 지나지 않아 수많은 기사가 류 형님을 따르게 되었다. 그러나 당시 류 형님은 경영관리 경험도 없었고 재무 보고서를 볼 줄도 몰랐다. 이에 3년 후, 회사는 수많은 업무를 담당하는데도 오히려 손해를 보았다. 빚 갚는 데 돈을 다 써 버리고 다시 몇백만 달러를 빌리는 지경에 이르렀다. 당시 싼충의 집값은 한 평당 7만 달러였다. 서른도 되지 않은 젊은이에게 이는 절대 갚지 못할 금액이었다.

처음에 류 형님은 도피를 선택했다. 매일 술에 찌들어 살면서 다음 날 아침에 일어나면 모든 빚이 사라지기를 바랐다……. 그러던 어느 날, 형님의 큰딸 쉬안쉬안(䂞䂞)이 유치원에 갔는데 친구들이 쉬안쉬안의 아빠는 주정뱅이고 여기저기 돈을 빌리는 창피한 사람이라고 놀렸다. 집에 돌아온 후 아빠가 또 술에 취한 모습을 본 쉬안쉬안은 철이 든 아이라 아무 말 없이 공부방으로 들어가 조용히 흐느꼈다.

류 형님은 딸을 굉장히 아꼈는데, 거실에서 아이의 울음소리가 들리는 것 같은 느낌이 들어 방 안으로 들어가 보니 쉬안쉬안이 울고 있었고, 류 형님은 무슨 일이냐고 물었다. 그제야 쉬안쉬안은 류 형님을 꼭 끌어안고 대성통곡을 하면서 그날 유치원에서 생긴 일을 이야기해 주었다고 한다.

그날 밤, 류 형님은 밤새도록 잠을 이루지 못했다. 술은 한 방울도 입에 대지 않고 침대에 누워서 천장을 바라보며 같은 침대에 누운 아내와 아직 어린 두 딸 쉬안쉬안과 윈러우(韻柔)를 생각했다……. 복잡한 생각이 계속 머릿속을 헤집어 놓았다……. 그러다가 어느새 날이 밝았고, 류 형님은 결국 깨달았다.

인생의 난관은 도망친다고 피할 수 있는 것이 아니다. 지금의 상황이 반드시 가장 고통스러운 것만도 아니다. 그렇다면 마주하자. 남자답게.

류 형님은 몸을 일으켜 따뜻한 겨울 이불을 젖히고는 추운 새벽에 크게 소리를 질렀다.

"나는 남자다. 이 집안, 아내, 아이들이 다 나한테 기대고 있다. 힘내자. 꼭 힘내자."

류 형님은 집안의 모든 술병을 내다 버렸다. 더 이상 술에 취하지도 않았고, 도망치지도 않았다.

거액의 빚을 한동안 갚을 방법이 없다는 사실을 잘 알고 있던 류 형님은 채권자에게 시간을 달라고 부탁하기로 했다. 그리고 반드시 천천히 할부로 빚을 다 갚겠다고 약속했다.

그중 한 채권자는 소규모 화물 운송 회사를 경영하는 사장님이었다. 용감한 류 형님의 태도를 높이 산 사장님은 류 형님을 자기 회사로 영입하기로 했다. 기사를 관리하는 류 형님의 장점을 이용해 회사에 기사팀을 설립했다.

그동안 류 형님은 빚을 제때 꼬박꼬박 갚아가며 생활비는 최소한만 남겼다. 이렇게 용감하게 빚을 갚아가는 태도를 수많은 사장님이 좋게 보았다. 그러다 인연이 닿아 당시 대만 국내 신문업계의 거물이었던 위(余) 회장님을 만났다. 위 회장님은 류 형님을 마음에 들어 했고 회사의 몇몇 신문 배송 업무를 류 형님에게 맡기기로 정했다. 그렇지만 류 형님이 다니던 회사 규모가 너무 작아서 고액의 보증금을 지급할 수 없었다. 게다가 신문업계는 업무량이 많아 강력한 화물운송 팀이 필요한데, 당시 회사의 사장님은 감히 규모를 확충하려고 나서지 못했다.

그래서 류 형님은 다시 한번 창업을 결정했다. 류 형님은 속으로 생각했다.

'이미 갈 데까지 간 거, 어차피 나한테 물러날 곳은 없었어. 그렇다면 한번 저질러 보자고.'

이번 창업을 할 때도 류 형님은 밑천이 전혀 없었다. 그러나 과거 용감하게 빚을 마주하고 몇 년 동안 성실하게 돈을 갚겠다는 약속을 지켰기 때문에 전에 류 형님에게 돈을 꾸어 주었던 사장님들은 다시 한번 의리 있게 류 형님에게 돈을 빌려주었다.

　류 형님은 밑천을 모은 후 자신의 특기인 기사 찾기와 기사팀 조직 능력을 운용하여 단기간에 화물 운송팀을 꾸렸다. 거기에다 과거의 일로 교훈을 얻은 류 형님은 이번에는 새로운 회사를 시작하면서 거금을 들여 행정 업무, 재무 관리를 담당할 전문 인재를 초빙해 후방 근무를 맡겼다. 그래서 류 형님은 제일선 업무에 전력투구할 수 있었다.

　담력과 인맥, 양호한 신용을 바탕으로 류 형님은 정말 '맨손'으로 당시 대만 국내 최대의 발행 부수를 자랑하는 신문의 배송 업무를 맡았다.

　1년쯤 열심히 노력한 끝에 회사는 손익분기점에 도달했다. 창업 5년째 되던 해에 류 형님은 전에 진 빚을 깨끗하게 다 갚았다. 그리고 10년 후, 류 형님의 재산은 이미 과거와 비교가 되지 않았고, 유명 신문을 운송하는 국내 최고의 물류 기업가가 되었다.

　지금의 류 형님은 제일선에서 기사팀을 관리할 필요가 없어졌다. 회사의 시스템이 탄탄하게 구축되었고 인재도 수두룩하기 때문이다. 류 형님은 대외적인 접대에만 집중하고 업무를 파악하기만 하면 되었다.

　비록 류 형님은 이미 많은 돈을 벌기는 했어도 마음속에 계속 아쉬운 점이 하나 있었다. 삼대독자였던 류 형님은 줄곧 아들을 갖고 싶어 했다. 그러나 형님에게는 이미 딸이 셋이나 있었다……

류 형님은 아들이 없는 게 최고의 한이라는 말을 나에게 한두 번 한 게 아니다……

부부가 약간 나이가 있는 데다 류 형님은 매일 밤까지 회식과 술 접대에 바빴기 때문에 3고(고지혈, 고혈당, 고혈압을 의미함-역주)에 심혈관질환이 분명히 있을 터였다. 게다가 음식 섭취에 신경을 쓰지 않아 몇 년 전부터 당뇨병 증상이 나타나기 시작했다. 이러한 점은 형수님의 임신 가능성을 더욱 낮췄다……

그러나 '남다른 의지'를 지닌 류 형님은 계속해서 노력한 끝에 드디어 2009년에 좋은 소식을 전해왔다. 형수님이 임신하셨다는 것이다. 극도로 긴장된 임신 초기를 보내고 드디어 성별을 판별할 수 있는 산전 검사 날이 되었다……

의사가 말했다.

"이번 아이는 딸입니다……"

넷째 딸이라니……

류 형님은 정신이 멍해졌다. 비록 아이를 아주 사랑하기는 했어도 실망한 기색을 감출 수는 없었다.

부부 두 사람은 다시 한번 노력해 보기로 결심했다.

그러나 인터넷 시대의 발달로 근래 신문 발행 부수가 점차 감소했고, 회사의 업무에도 영향을 끼쳤다. 이에 류 형님은 더 열심히 대외 접대를 통해 업무를 따내야 했다. 수많은 직원의 생계유지를 위해 다시금 회식과 술 접대에 바빠져 몸이 더 안 좋아졌다. 비록 우장지 버섯이나 인삼 같은 값비싼 보양식품을 사 먹을 수는 있었지만 큰 효과는 없는 것 같았다. 류 형님의 배는 하루가 다르게 뚱뚱해졌다.

한번은 함께 밥을 먹는데 류 형님의 친한 친구 왕(王) 사장님이 농담을 건넸다.

"도대체 임신한 사람이 너냐, 제수씨냐? 어떻게 임신한 부인보다 배가 더 나왔어."

업무 유형 변화라는 진통기를 거친 후 류 형님의 회사는 점차 안정되기 시작했다. 형수님은 류 형님에게 이제 좀 살만하니 술을 줄이라고 권고했다. 그러나 류 형님은 장년인 데다 일에 대한 열정이 매우 강한 사람이었다. 그래서 아내의 충고를 한 귀로 듣고 한 귀로 흘렸다. 그리고 류 형님의 배는 계속 불러오기 시작했다……

하늘은 열심히 노력하는 사람의 노고를 배신하지 않는 법, 4년 동안의 노력 끝에 2013년에 좋은 소식이 전해졌다. 형수님이 다시 한번 임신하셨다는 것이다. 길게만 느껴지는 임신 초기를 넘기고, 드디어 성별을 알 수 있는 산전 검사 날이 되었다……

의사가 말했다.

"이번에는…… 아들입니다."

류 형님은 다시 한번 멍해졌다. 그러나 이번에는 믿을 수 없을 정도로 너무 기뻤기 때문에 멍해진 것이다. 형수님도 너무 기뻐서 눈물을 흘리셨다.

이번 임신 기간에는 류 형님도 될 수 있는 한 접대를 줄이고 전심을 다해 형수님을 보살폈다. 2013년 10월 26일, 형수님은 다섯째 아이를 순산했다. 이름도 '톈유(天祐)'라고 미리 지어 놓았다.

톈유의 생년월일을 어떻게 정확하게 기억하고 있느냐고? 그 이유는 우리 둘째 딸이 같은 해 10월 25일, 류 형님의 아들보다 하루 먼저 태어났기 때문이다.

한 달 동안 정신없는 산후조리 기간을 보내고 나와 류 형님은 녹초가 되었다. 그러나 서로 '고난을 함께 이겨 낸' 감정이 있었다.

11월 25일, 나와 류 형님은 완화(萬華)의 식장 원형 테이블에서 우연히 만났다. 나는 환하게 핀 류 형님의 얼굴을 보고 한 달 동안 얼마나 노력했는지 알 수 있었다. 살도 몇kg 빠졌다고 했다. 나는 형님에게 말했다.

"형님 배도 좀 들어가셨네요."

류 형님은 그 말을 듣고 기뻐했다. 우리는 미월(彌月. 아이가 태어난 지 만 한 달 되는 것을 기념하는 행사-역주) 케이크와 유판(油飯. 쫀득하게 볶은 밥에 달걀과 닭 다리 등을 곁들여 먹는 음식-역주)을 고르면서 깨달은 점을 나누었다. 우리의 공통된 결론은 이런 일은 아내에게 맡기는 게 최선이라는 것이었다. 남편들은 그저 최대한 맞춰 주고 돈만 내면 된다는 이야기를 나누면서 우리 두 사람은 하하 큰 소리로 웃었다.

11월 26일, 이날은 로터리 클럽 설립 기념일이자 신규 회원에게 수료증을 수여하는 대회가 있는 날이기도 했다. 모든 클럽 회원이 각자 맡은 소임을 다하느라 매우 바빴다. 나는 대회의 진행을 맡았고, 류 형님은 접대를 맡았다. 이날 밤 모든 로터리 클럽 회원들은 다년간 노력한 끝에 드디어 '아들'을 얻게 된 류 형님에게 정말 축하한다고 인사를 건넸다.

나와 류 형님은 다음 주 로터리 클럽 정기 예회(날짜를 정해 놓고 정기적으로 모이는 모임)에서 함께 미월 케이크와 유판을 나눠 줄 계획이었다. 나는 류 형님이 나누어 줄 미월 유판이 무척 기대되었다. 류 형님이 가격에 구애받지 않고 장인이 손수 만드는 유판을 찾아냈다는 이야기를 들어서 그 맛이 기대되었기 때문이다.

보물 같은 아들이 태어난 덕에 류 형님의 미래에는 희망이 가득했다. 전에 예약해 둔 대형 운송 차량 10대를 다음 달에 받을 계획이었고, 중국의 투자 계획도 이미 심층적인 단계에 돌입해 한바탕 큰 사업을 벌일 계획이었다. 아들은 류 형님에게 비할 수 없는 원동력과 자신감을 가져다주었다.

11월 28일, 뉴스가 보도되었다.

"올해 입동 후 첫 번째 한파가 기세를 부렸습니다. 오늘 새벽, 대만 전국의 수많은 지역은 입동 이래 최저 온도를 기록했습니다.

평지 지역 중에서는 단수이가 가장 추웠는데 오늘 새벽 2시 45분에 섭씨 9.5도로 입동 이래 최저 기온을 기록했습니다. 그 밖에도 판차오(板橋), 자이(嘉義) 또한 입동 이래 최저 온도를 기록했는데 판차오는 9.9도, 자이는 10.3도였습니다.”

아침 10시가 넘어서 로터리 클럽 사무소가 모든 회원에게 문자를 보내왔다.

‘회원 여러분께 슬픈 소식을 전해드리게 되었습니다. 우리의 형제 같은 류 형님께서 오늘 새벽 심장혈관파열로 응급실에 이송되셨으나 제대로 손을 써 보지도 못하고 우리 곁을 떠나셨습니다……’

나는 문자를 보고 한참이나 넋을 놓고 있었다. 마음속에는 오로지 충격, 또 충격뿐이었다.

류 형님이 세상을 떠나셨다니…… 남겨진 형수님과 다섯 아이들은 어떡하라고. 첫째와 둘째는 좀 컸지만 나머지 세 아이는 각각 6살, 4살인 데다…… 가장 어린 톈유는 태어난 지 한 달밖에 안 되었는데……. 결국 류 형님은 아들이 불러 주는 ‘아빠’ 소리를 못 듣고 떠나셨다…….

그해, 류 형님은 고작 마흔여섯이었다…….

사신 앞에서 사람은 누구나 평등하다. 운명은 항상 당신에게 예기치 못한, 어쩌지 못하는 상황을 던져준다. 때로는 영화보

다 더 영화 같다. 영화는 사람이 상상할 수 있는 이야기지만 운명의 안배는 때로 상상을 뛰어넘는다.

아버지가 암에 걸리셔서 일찍 세상을 떠나신 후, 나는 건강이 인생에서 가장 소중한 것이라는 사실을 배웠다. 건강을 제외하면 다른 것은 모두 가짜다. 그래서 나는 절대 밤을 새우지 않고, 접대 자리에서 폭음하지 않는다.

어쩌면 내가 술도 안 마시고 밤샘 접대를 하지 않아 돈을 좀 덜 벌 수도 있지만 나는 전혀 아깝다는 생각이 들지 않는다.

만약 우리가 생명을 불태워 가며 1억 달러를 벌 수 있다고 가정하면 나중에 의사에게 3천만 달러는 갖다 바쳐야 한다. 그러나 유감스럽게도 3천만 달러를 들여도 고혈압, 당뇨병, 심장병, 암은 고칠 수 없다. 지팡이를 짚고, 휠체어를 타고, 소변 주머니를 차고, 매일 신장 투석을 받으며 끊임없이 손과 발을 떨고, 국을 마시면 입가로 줄줄 흐르고…… 이러한 삶에 질이라는 게 있을까? 당신이 아무리 많은 재산을 가졌다 해도 무슨 소용일까?

나는 기꺼이 3천만 달러를 덜 벌더라도 건강한 신체를 소유하고, 소소한 가정의 행복을 누리며 아이들의 성장에 함께 하고 싶다. 그리고 나이가 들면 골프도 치면서, 여기저기 여행도 다니고 싶다.

참 심플한 인생 계획인데도 이를 실제로 이룰 수 있는 사람은 매우 적다…….

PART 4

오직 사랑만이
위대함을 이룬다

교육에는 오로지
사랑과 본보기뿐이다

원청(文成) 선생님은 중환자실에서 병마와 싸우고 계셨다. 이미 에크모(인공심폐기를 응용한 기계로 생명유지를 위한 최후의 수단)를 달았으니 이제는 선생님 본인의 의지력에 맡기는 수밖에 없었다······.

일반적인 감기였을 뿐인데 어떻게 위독한 폐렴으로 악화하였을까? 며칠 전만 해도 멀쩡해 보이셨고, 비록 계속 기침하시기는 했어도 동료들과 농담도 하셨다는데, 며칠 만에 병세가 급히 악화할 줄이야······ 원청 선생님은 이제 겨우 마흔이신데.

모교인 신베이시 싼충 고등학교에 돌아가서 강연했을 때, 익숙한 통통하고 귀여우신 모습이 보이지 않아 다른 선생님들께 여쭤보았다가 나는 원청 선생님이 감기로 인한 폐렴으로 상태가 매우 위중하셔서 중환자실에 들어가셨다는 이야기를 들었다…….

　내가 고등학교 2학년이었을 때, 선생님은 우리 학교에 교편을 잡으러 오셨다. 담당 과목은 영어였다. 선생님은 영어 교육에 일가견이 있는 분에다 학원의 명강사이기도 하셨다. 그래서 수업을 시작하면 선생님에게서는 전문 분야에 대한 강렬한 긍지가 느껴졌다. 그러나 선생님은 개인적으로는 유머러스하셨고, 통통한 몸집 때문에 약간 귀여운 요소도 있었다. 특히 팝핀 춤을 추실 때 몸을 바르르 떠시는 모습으로 모두에게 강력한 웃음을 선사해 주셨던 광경이 지금까지도 기억에 새롭다.

　선생님은 매우 엄격하게 영어를 가르치셨고 한 치의 게으름도 용납하지 않으셨다. 그러나 수업 외에는 항상 학생들에게 관심을 가지고 최선을 다해 학생들을 옳게 지도하려고 힘쓰셨다. 비록 학생들의 수준이 낮아도 선생님은 절대 포기하지 않으셨다. 그래서 선생님이 맡은 반 학생들은 항상 좋은 학교에 진학했다.

　한번은 대학에 합격한 가난한 학생의 학비 문제로 학교가 고심한 적이 있었다. 원청 선생님 반에 형편이 어려운 몇몇 학생이 있었는데, 그중에서 한 여자 후배가 가오슝(高雄)대학 법학과에 합격했다. 선생님은 나를 직접 찾아오셔서는 집안 형편이 어려운 후배에게 장학금을 보조해 줄 수 있으면 좋겠다고 말씀하셨다.

　나는 선생님의 제자이니 전화 한 통으로 부탁하셨어도 될 일인데. 나는 능력이 닿는 범위 내에서 분명 열심히 도왔을 것이다.

그런데 생각지도 못하게 전문 분야에 대한 긍지로 가득한 원청 선생님이 직접 그 학생을 데리고 내 사무실로 찾아와 부탁하신 것이다. 나는 깜짝 놀랐다. 후배와 한 시간 남짓 이야기를 나눈 후, 그 아이의 가정 형편이 어렵다는 사실을 알게 된 나는 쌴충에서 유명한 궈이쥔(郭怡君) 씨에게 전화를 걸어 협조를 부탁했고, 나와 궈이쥔 씨는 공동으로 후배의 첫 학기 등록금 전액을 보조하기로 했다.

장학금 보조가 결정된 후, 원청 선생님께서 그 여자 후배에게 하신 말씀이 무척 인상 깊었다.

"추이원(翠雯), 이번에 펑위안 선배가 네게 장학금 보조를 해주기는 했어도 다른 사람의 도움을 당연한 것으로 여겨서는 안 된다. 펑위안 선배에게 감사하는 것은 물론이고 이번에 받은 보조금은 네가 사회에서 빌린 것이라고 생각해야 해. 이 사회가 너를 도와준 거야. 미래의 어느 날, 너는 반드시 네 힘으로 이 돈을 갚아야 한다. 다만 갚을 대상은 펑위안 선배가 아니라 미래에 네 도움이 필요할 후배들이야. 그리고 너는 앞으로 이런 생각을 후배들에게 가르쳐야 한다. 그렇게 사랑의 힘이 끊임없이 전해지게 만들어야 해."

감사하는 법을 가르치고 사랑을 전해가는 것, 이것이 바로 교육이다.

장학금 보조를 해주면서 나는 학생에게 헌신하시는 원청 선생님께 깊이 감동하였다. 아이의 미래를 위해서 자신의 신분을 내려놓고 다른 사람에게 부탁한다는 것, 특히 부탁의 대상이 자신의 제자일 때는 많은 용기가 필요하다는 사실을 나는 알고 있었기 때문이다.

선생님은 학생들을 위해 그들이 가장 필요로 하는 장학금을 모금해 주셨을 뿐만 아니라 그 기회를 통해 '사랑'을 소중히 여기고 감사하는 법을 가르쳐 주셨다. 그리고 학생에게 '사랑'을 계속해서 전해야 한다는 사실을 기억하라고 하셨는데 나는 이것이 바로 진정한 교육이라고 생각한다. 학생의 인생에서 가장 관건이 되는 순간에 올바른 개념과 마음가짐을 가르쳐 주고 긍정적인 영향력을 발생시키는 게 바로 교육에서 기대하는 목적이다. 나 또한 원청 선생님의 고심을 느낄 수 있었다.

이것이 바로 인생이다. 당신은 예상하지 못한 일과 내일 중에 어느 것이 먼저 찾아올지 알 수 없다.

몇 주 동안 원청 선생님의 감기는 나아질 기미가 보이지 않았다. 그러나 선생님은 일반적인 감기라고 생각하고 별로 신경을 쓰지 않으며 여전히 최선을 다해 아이들을 가르치셨다. 그랬던 선생님이 어느 날 아침 갑자기 호흡곤란이 올 줄 그 누가 알았을까. 선생님은 즉시 본인이 운전하는 차로 단수이의 마시에(馬偕)의 병원에 가셨다. 그러다 감기가 과도하게 심해져 바이러스성 감염을 일으켜 폐렴이 되었다는 사실을 발견한 것이다. 의사는 즉시 입원해야 한다고 말했다.

며칠이 지났는데도 상황은 호전되지 않았다. 의사는 에크모를 달기로 했다…….

그렇게 일주일이 지났고, 병세는 여전히 호전되지 않았다. 그러나 건강 보험은 에크모를 일주일만 보조해 주기 때문에 일주일이 지나면 자비로 비용을 내야 한다. 하루에 10만 달러가 든다는 소식을 들었을 때, 원청 선생님의 가족들은 정신이 막막해졌다. 가족들은 이러지도 저러지도 못하는 상황에 처했다. 사람을 치료하지 않을 수는 없지만 하루에 10만 달러를 어떻게 버텨 낸단 말인가? 과연 며칠이나 버틸 수 있을까?

선생님의 가족들은 가산을 탕진해서라도 최선을 다해 보기로 했다. 반드시 원청 선생님을 살려내겠다고 결심한 그날 오후 2시 30분, 원청 선생님은 조용히 세상을 떠나셨다……. 가족들이 자기를 위해 돈을 쓰게 놔두지 않으시고…… 선생님은 평온하게, 고통 없이 세상을 떠나셨다…….

교육에는 오로지 사랑과 본보기뿐이다.

원청 선생님이 떠나시면서 내게 남기신 것 중 하나는 마음으로부터 존경하던 선생님의 모습이고, 또 다른 하나는 교육에 대한 본보기였다. 그리고 더욱 소중한 것은 영원히 기억할 가치가 있는 싼충 고등학교에서의 날들이었다.

학교 교사는 결코 큰돈을 벌 수 있는 직업이 아니다. 때로는 교사가 자신의 인생과 청춘을 고스란히 바쳐 학생을 가르치는 고지식한 직업이라는 생각까지 든다. 그러나 나는 교육을 통해서 교사가 이 사회를 진정으로 변화시킬 수 있고, 곳곳에 닿는 영향력을 만들어 낸다고 생각한다. 그 얼마나 가치 있는 인생인가.

선생님의 고별식에서 나는 가슴 아프게 울고 있는 한 학생을 보았다. 그렇다. 바로 추이원이었다. 고별식이 아침 일찍 열렸으니 그 아이는 분명 야간버스를 타고 고별식에 참가했을 것이다. 추이원은 묵묵히 고별식장 구석에 서 있었다. 그 모습을 보고 나는 원청 선생님을 대신해 뿌듯함을 느꼈다. 분명 선생님도 천국에서 이 아이를 가르친 보람이 있다고 생각하고 계셨을 거라 믿는다······.

"교육에는 오로지 사랑과 본보기뿐이다."

원청 선생님은 자신의 짧은 인생을 통해 이 말을 완벽하게 설명해 주셨다. 한 사람의 성공은 얼마나 많은 돈을 버느냐로 결정되는 것이 아니다. 모두가 기념할 만한 추억과 사회에 긍정적인 역량을 얼마나 만들어 냈느냐가 중요하다. 우리는 원청 선생님의 털털한 모습과 통통하고 귀여우신 뒷모습을 영원히 그리워할 것이다……

의리 있는 리더

나는 오후에 바쁜 일을 마치고 왕(王) 회장님의 회사에 가서 '차를 마시는 것'을 좋아한다. 첫째는 왕 회장님의 차가 한 근에 몇만 달러나 하는 고급 차이기 때문이고, 둘째는 왕 회장님의 사무실에는 항상 사방팔방에서 친구들이 모여들어 함께 차를 마시기 때문이다. 그곳에 가면 대단한 경영자들을 만나 사업 돌아가는 이야기도 들을 수 있어서 내게 큰 도움이 된다.

왕 회장님은 대만 국내의 유명한 화물 운송 회사 회장님이다. '길거리 형제애'를 짙게 풍기는 분으로, 정통 민남어를 구사하신다. 의리를 중시하는 분이라 친구들이 전국 각지에 널렸고 교우 관계도 넓다.

나는 왕 회장님의 회사에 갈 때마다 왕 회장님과 연배가 비슷한 분과 마주친다. 그분은 1층 공장에서 기사들과 이야기를 나누거나 울타리에 핀 꽃에 물을 주고 가지를 친다. 해 질 무렵에는 왕 회장님이 키우는 셰퍼드 네 마리에게 먹이를 준다. 심지어 한번은 주방에서 커다란 바닷물고기를 요리하시는 걸 본 적이 있다. 그분은 항상 만면에 웃음을 띠고 나를 맞아 주시지만 나는 그분의 직책을 알지 못했다. 그저 회사의 위아래 직원들 모두가 그분을 존중한다는 느낌만 받았을 뿐이다.

어느 날, 나는 드디어 용기를 내서 왕 회장님께 그분은 도대체 뭐 하시는 분이냐고 물었다.

"그 사람은 천자이(陳仔)라고, 우리 회사의 부회장이야."

왕 회장님이 대답했다.

'부회장'이라는 직함을 듣고 나는 깜짝 놀랐다. 내 인상 속에 대기업 부회장은 전문경영인처럼 정장을 쫙 빼입고, 뛰어난 사업 능력과 관리 능력을 지녔다는 분위기를 폴폴 풍겨야 옳기 때문이었다. 그러나 '천자이'라는 부회장님은 꼭 현지 주민 같았다. 게다가 내가 볼 때마다 그분이 하고 계셨던 일은 전혀 전문경영인 같지가 않았다.

"왜, 이상해? 이렇게 큰 회사에서 무슨 부회장이 매일같이 직원들이랑 수다나 떨고 꽃에 물을 주고 음식을 만드나 싶어? 그런데 천자이가 만드는 음식은 진짜 맛있거든."

왕 회장님이 웃으면서 말했다.

이어서 왕 회장님은 본인과 천자이 사이의 일을 상세하게 들려주셨다.

20여 년 전, 군대에서 제대한 왕 회장님은 전 재산을 털어 중고 소형 화물차를 샀다. 혼자서 사장에, 기사에, 업무를 다 맡으며 창업했다.

그러나 창업 초기라 실적이 불안정한 데다 소형화물차가 중고로 산 것이라 고장이 많이 나서 벌어들이는 돈은 거의 차를 수리하는 비용으로 들어갔다. 그래서 돈을 모으려야 모을 수가 없었고 심지어 매달 손해를 보았다. 문제를 해결하기 위해 왕 회장님은 은행에서 대출을 받기로 했다. 그리고 그 돈으로 새로운 소형 화물차를 사서 비로소 도산 위기를 넘길 수 있었다.

1년 후, 왕 회장님 회사의 실적은 점차 안정되기 시작했으나 두 번째 문제가 닥쳤다. 회사 직원이 회장님 한 사람뿐이기 때문에 의뢰를 받는 것도 회장님이고, 화물 운송을 책임지는 것도 회장님이었다. 당시에 회장님은 거의 매일 타이베이에서 남쪽으로 차를 몰아 핑둥을 거쳐 타이둥(台東), 화롄(花蓮)까지 돌아다니다 한밤중이 되어서야 타이베이로 돌아올 수 있었다. 거의 대만을 한 바퀴 일주한 것이다.

왕 회장님은 이렇게 하다가는 실적이 오르지 않고 몸도 금방 망가질 거라는 생각이 들었다. 왕 회장님은 화물을 운송할 직원을 한 사람 뽑아야 한다는 사실을 알고는 있었지만, 충분한 월급을 줄수가 없었다. 이 문제로 왕 회장님은 크게 고민했다.

어느 날, 왕 회장님은 군대에 있을 때 동기였던 친구 천자이 씨를 만나 노점에서 국수를 먹고 술을 마시다가 고민을 털어놓았다.

천자이 씨는 말했다.

"걱정하지 마. 나 군대에 있을 때 트럭 몰았잖아. 내가 화물차를 운전할게. 그럼 간단하잖아."

"그렇지만 너한테 충분한 월급을 줄 수가 없어."

왕 회장님이 난처해하며 말했다.

'×. 우리는 형제나 마찬가지잖아. 어차피 제대한 후에 배운 게 없어서 일자리 찾기도 힘들었어. 괜찮아. 우선 도와줄게. 그러다 나중에 돈이 벌리면 다시 이야기하자고.'

천자이 씨는 호탕하게 대답했다.

"×, 좋아. 우리 형제 두 사람이 어디 한번 열심히 노력해 보자."

왕 회장님도 호쾌하게 대답했다.

그날부터 천자이 씨는 왕 회장님의 일을 도왔다. 왕 회장님은 천자이 씨에게 매달 기본적인 생활을 유지할 수 있을 만큼의 월급을 주었다. 왕 회장님이 대외적인 교섭 업무를 책임지고 천자이 씨가 운전을 맡으면서 정식으로 회사가 설립되었다.

몇 년 후, 왕 회장님과 천자이 씨의 노력 덕분에 회사의 실적은 나날이 향상되었다. 연이어 더 큰 화물차를 사들였고, 회사의 직원도 더 많아졌다.

어느 해 연말 송년회에서 왕 회장님으로부터 돈을 받은 천자이 씨는 깜짝 놀랐다. 평소에 받는 월급의 수십 배에 달하는 금액이었기 때문이다. 심지어 당시에는 그 돈으로 집을 살 수도 있었다.

천자이 씨는 왕 회장님에게 자초지종을 물었다.

왕 회장님은 그제야 솔직하게 이야기했다.

"사실 회사를 설립할 때 회사 주식 25%를 네 몫으로 설정해 놓았는데 너한테 말할 기회가 없었다. 이 돈은 회사가 설립된 다음부터 지금까지 누적된 배상금이야."

"왕자이(회사 전체에서 왕 회장님을 이렇게 부를 수 있는 사람은 천자이 씨가 유일했다). 그러면 내가 너무 미안하잖아. 이미 월급도 받고 있는데 어떻게 회삿돈을 또 받아⋯⋯."

감격한 천자이 씨는 기뻐하며 남자의 눈물을 흘렸다.

그 이후로 왕 회장님은 회사 명의로 대외적인 투자를 할 때면 항상 25%의 지분을 천자이 씨를 위해 남겨두었고, 천자이 씨에게는 돈을 내지 못하게 했다.

회사를 경영한 지 20여 년이 지나 연간 영업 수익은 이미 수억 달러를 돌파했고, 천자이 씨의 몸값도 1억 달러를 넘었다.

회사의 규모가 확장되어 운전기사가 수백 명이나 되자 천자이 씨는 더 이상 제일선에서 운전을 담당할 필요가 없어졌다. 게다가 교육을 제대로 받지 못했기 때문에 컴퓨터를 사용할 줄도 모르고, 재무제표를 볼 줄도 몰랐다. 그러나 왕 회장님은 천자이 씨를 회사 경영에서 배제하지 않았다. 게다가 천자이 씨는 회사 설립 초창기부터 지금까지의 고객들을 잘 알았고, 인정과 의리가 있어 직원들을 성실하게 보살피며 한 번도 허세를 부린 적이 없었다. 그렇기 때문에 천자이 씨는 고객과 차를 마시며 대화를 나누고, 사원들을 보살피는 업무를 맡게 되었다. 그리고 남는 시간에는 꽃에 물을 주고 개에게 먹이를 주는 일을 담당했다. 게다가 요리 솜씨도 훌륭해서 가끔 모두를 위해 맛있는 음식을 만들어 주면서 만족스러운 생활을 하고 있었다.

나중에 천자이 부회장님과 친해진 나는 대화를 나누다가 또 다른 이야기를 들었다.

예전, 회사에 리자이(李仔)라는 기사가 있었는데 야간에 화물 운송을 하다가 교통사고가 나서 왼쪽 어깨에 심각한 상처를 입어 한동안 일을 할 수가 없게 되었다. 이는 한 집안의 가장인 리자이에게는 타격이 매우 컸다. 왕 회장님은 법에 따라 산업재해 보상금을 지급했으면서도 따로 거액의 위로금을 보냈다. 나중에 리자이는 몸이 회복되고도 일자리를 찾지 못하고 있었는데, 왕 회장님이 특별히 불러와 회사의 간단한 업무를 맡겨서 생계를 유지할 수 있게 해주었다.

이야기를 알게 된 후, 나는 왕 회장님의 인품을 더욱 존경하게 되었다. 맨손으로 사업을 일으킨 왕 회장님이 지금처럼 큰 회사를 소유하게 된 것은 결코 놀랄 일이 아니다. 왕 회장님 회사의 직원은 다들 10~20년 이상 근무한 데다 단결심이 매우 강했다. 그 이유는 회장이 인정과 의리가 있는 리더이기 때문이다.

현대 사회와 기업 경영에서는 끊임없이 공리주의를 강조한다. 이런 상황에서 '인정과 의리'는 어쩌면 케케묵은 개념으로 들릴 수도 있다. 물론 회사를 경영하는 사람이라면 서양의 기업 관리 이론을 준수해야 하지만 영업 수익 증가와 원가 절감만 강조하면서 이용 가치가 없는 직원을 해고해 버리고, 회사의 이윤이 낮아지면 또 해고한다. 그러나 나는 인정과 의리로 기업을 경영하는 사람이야말로 진정한 기업가의 영혼을 지닌 사람이라고 생각한다.

평생의 성취를 가늠할 때는
얼마나 많은 사람이
진심으로 당신을 사랑하는지 보라

린(林) 회장님은 방직업계에서 크게 성공한 기업가다. 평생 노력한 결과 전 세계 각지에 공장을 운영하고 있고, 직원만 수만 명에 달한다.

현재 린 회장님은 몸이 많이 안 좋고, 이미 한동안 와병 생활을 했다. 비록 재산이 넘쳐나고 수많은 고용인이 시중을 들고 있지만 린 회장님은 자녀와 며느리들에게 직접 자신을 간병해 달라고 부탁했다. 어쩌면 이것이 린 회장님이 유일하게 '가족의 정'을 느끼는 방식인지도 모르겠다.

한번은 굉장히 인상 깊었던 일이 있었다. 어느 날, 나는 린 회장님 병실에서 회사 일을 의논하고 있었다. 중간 쉬는 시간에 린 회장님은 물을 한 모금 마시더니 갑자기 둘째 아들의 손을 잡아당겼다. 그러고는 진지하면서도 다소 무거운 말투로 물었다.

"즈량(志樑), 너는…… 나를 사랑하니?"

그 말을 듣고 둘째 아들은 어안이 벙벙해졌고, 옆에 있던 나도 깜짝 놀랐다. 그 순간 병실은 기이할 정도로 조용했다. 심지어 약간 스산한 분위기조차 감돌았다…….

전에 나는 린 회장님과 자녀들 사이의 대화를 들은 적이 있었는데, 마치 석박사 과정 구술시험을 보는 것 같았다. 자녀들이 질문에 대답하는 태도는 물론이고 내용까지 더할 나위 없이 '격식 있고', '표준적'인 대답이었다. 거기에 약간의 '포장'이 더해지고는 했다…….

그러나 이번에는 달랐다. 몇 초 동안 멍해진 즈량은 마치 선생님의 질문에 대답을 준비하지 못한 학생 같았다…….

린 회장님이 어떤 인물인가. 비즈니스업계에서 수십 년 동안 우여곡절을 겪은 분이다. 그런 분이 둘째 아들이 멍한 표정을 짓고 있는데 설마 속으로 무슨 생각을 하는지 모르실까. 분명 하나도 빠짐없이 투시할 수 있을 것이다.

린 회장님이 혼잣말하듯 말했다.

"나는 너희들이 다 나를 사랑할 거라고 믿는다. 신경 쓰지 마라."

린 회장님은 손을 내저으며 즈량에게 가서 일을 보라고 했다.

린 회장님은 내게 말했다.

"핑위안, 물이 너무 맑으면 물고기가 모이지 않고, 사람이 너무 따지면 친구가 없다는 말이 있지. 인생에는 알게 되면 고통스럽고 모르는 게 행복한 일이 있어."

린 회장님의 눈빛은 약간 쓸쓸해 보였다. 린 회장님과 함께 다년간 열심히 일했던 내가 지금껏 한 번도 본 적이 없는 섭섭한 눈빛이었다······.

"만약 인생을 되돌릴 수 있다면 나는 돈을 많이 버는 게 아니라 아이들의 성장에 함께하기를 택할 거야. 비록 성공한 기업가이고 수만 명의 직원을 거느리고 있지만 나는 실패한 아버지야. 가정을 경영하는 일에서는 완전히 불합격이지. 젊었을 때, 나는 사업에 전력을 다했어. 그렇지만 집에 돈을 가져다주는 걸 제외하면 나는 그 어떤 아이도 제대로 보살피지 못했어. 아이에게 분유를 먹인 적도 없고, 기저귀를 갈아준 적도 없고, 목욕도 시켜준 적이 없어. 아이가 병이 났을 때, 나는 해외에서 회의나 하고 있었지. 아이의 인생에서 중요한 순간, 학예회나 졸업식에 나는 거의 참석한 적이 없어. 눈 깜짝할 사이에 아이들은 전부 장성했고, 나는 나이가 들었지······. 내가 병상에 누워서 머릿속에 떠올리는 기억 중에 가족들과 함께 보낸 행복한 시간은 거의 없어. 나는 평생 부는 얻었지만 '사랑'은 얻지 못했지. 정말 실패한 인생이야."

"언젠가 내가 세상을 떠나면 아이들이 그걸 슬퍼할지 아니면 호상으로 여길지 모르겠네……."

린 회장님은 침울하게 혼잣말하듯 말했다.

후뉴뉴는 나의 첫째 딸이다. 나는 아이가 나를 처음으로 바라보던 순간을 잊지 못한다. 나는 그 순간 '딸은 전생에 아빠의 연인이었다.'라는 말을 진심으로 믿으며 매우 감동했다. 그러나 약간 걱정이 되는 건 어쩔 수 없었다. 그 이유는 아이의 얼굴이 나를 너무 닮았기 때문이었다…….

감동한 후의 날들은 매우 '흥미로웠다'.

우리가 처음으로 '만난' 날 저녁, 대만대학병원에서는 '엄마와 아기가 함께 쓰는 병실'을 제창하고 있었기 때문에 태어난 순간부터 24시간 동안 아이는 우리 부부와 병실에 같이 있었다. 우리 부부는 완전히 지쳐 버렸다. 후뉴뉴는 밤새 잠을 자지 않고 끊임없이 울어댔고, 초보 아빠인 나는 밤새 안절부절못했다. 이어지는 일주일 동안은 그야말로 지옥 같았다. 밤낮이 바뀐 후뉴뉴는 낮에는 잠을 자고 한밤중이 되면 '인크레더블'에 나오는 '잭잭'처럼(아기는 울기 시작하면 온몸이 빨갛게 변하므로) '호랑이' 같은 소리를 내며 울었다. 내가 평소에 가장 자랑으로 여기는 말재주는 전혀 도움이 되지 않았다…….

산후조리원에 들어가자 비로소 모든 상황이 호전될 기미가 보이기 시작했다. 산후조리원에서는 전문적인 보살핌이 있었고, 산모와 아기가 같은 병실을 쓸 수 없었다. 우리는 드디어 비교적 충분한 휴식을 취할 수 있었다. 그리고 이 기간에 기저귀 갈기, 목욕시키기 등 아기를 돌보는 방법에 대해 배웠다.

후뉴뉴가 산후조리원에서 집으로 돌아온 후부터 부부 두 사람만의 세계는 정식으로 작은 가정이 되었다.

전에는 매일 아침 일찍 일어나면 한가롭게 아침을 먹고 책을 읽었는데 지금은 일어나자마자 처음으로 하는 일이 분유를 타서 아기에게 먹인 후 베이비시터 집까지 데려다주는 것이다.

전에는 저녁에 각종 접대 자리에 참석하거나 배드민턴을 치고 운동을 했지만 지금은 매일 8시가 되면 베이비시터의 집에 후뉴뉴를 데리러 가야 한다.

전에는 휴일이 되면 아내와 데이트하며 소중한 시간을 보냈었다. 우리는 특히 영화감상을 좋아했다. 그러나 지금은 휴일이 우리 부부에게 가장 힘든 시간이다. 종일 후뉴뉴를 돌보아야 하는데 이는 대단한 체력과 정신적인 소모를 요구한다.

전에 우리 부부는 TV에 나오는 맛집을 보면 지도를 따라 찾아가 맛있는 음식을 즐겼다. 지금은 우리가 가려는 식당의 환경이 아기와 함께 가기에 적합한지 자세히 살펴보아야 한다. 게다가 맛있는 음식을 함께 즐길 수가 없다. 교대로 후뉴뉴에게 분유를 먹여 주면서 음식을 먹어야 하므로 낭만적인 데이트 분위기를 즐길 여지가 전혀 없다.

전에 우리 부부는 저녁에 퇴근하면 차를 마시며 그날 있었던 일을 서로에게 공유했다. 지금은 '무작정 기어오르고', '여기저기 뛰어다니는' 후뉴뉴를 항상 지켜보고 있어야 한다. 간신히 아이가 잠이 들면 우리 부부는 기진맥진해서 아무것도 하고 싶지 않고 그저 얼른 잠을 보충해야겠다는 생각뿐이다······.

병이 나거나 열이 나면 후뉴뉴는 평소의 몇 배나 언짢아한다. 게다가 여기저기 병원을 돌아다니며 의사의 진찰을 받아야 하고 때로는 한밤중에 응급실에 가기도 한다. 그러면 아무 일도 할 수 없으므로 다 내려놓아야 한다.

나는 강연을 하는 사람이다. 말재주 덕분에 나의 강연에는 충분한 설득력이 있다. 그러나 아직 '원시인'이나 다름없는 후뉴뉴 앞에서 나의 말재주는 전혀 소용이 없다. 내가 진지하게 후뉴뉴에게 상황을 설명하려 하면 후뉴뉴는 대부분 계속해서 울 뿐, 아빠의 체면은 절대 세워 주지 않는다. 그러면 나는 정말 섭섭하다. 돌연 나는 수많은 부모가 '아기가 배 속에 있을 때는 빨리 태어나기를 바라지만 진짜로 태어난 후에는 다시 뱃속으로 '집어넣고 싶어진다.'라고 말하는 이유를 깨닫게 되었다.

매일 아침 나의 업무는 후뉴뉴를 베이비시터의 집에 데려다 주는 일이다. 베이비시터의 집은 우리 집에서 대략 500m 정도 떨어져 있다. 멀지도 가깝지도 않은 거리라 나는 아이를 유모차를 태워 데려다준다. 우리 집에서 중정베이루를 벗어나면 허우주웨이제(後竹圍街), 딩칸제(頂崁街), 싼민제(三民街)가 모이는 삼거리를 지나게 된다.

아침 출근 시간의 차량 유동량은 깜짝 놀랄 정도다. 게다가 모두가 시간에 쫓기고 있어서 노란불인데도 급히 지나가고, 빨간불을 지키지 않는 상황을 자주 볼 수 있다. 심지어 역주행이 상당히 '유행'하고 있다. 그 밖에도 싼민제는 수많은 버스 노선이 지나는 길인 데다 버스 운전기사들이 특히나 '차를 빨리 운전하기' 때문에 삼거리 입구에서는 며칠 간격으로 크고 작은 교통사고가 발생한다.

예전에 혼자서 삼거리 입구를 지날 때, 나는 시간을 절약하기 위해 나의 젊음과 운동 능력만 믿고 신호등은 그저 '참고용'으로만 썼다. 길을 건널 수 있겠다고 판단이 되면 전혀 문제가 될 것이 없었다.

그러나 지금은 후뉴뉴의 유모차를 몰고 있어서 모든 일의 속도가 느려졌다. 유모차를 밀고 집을 나설 때마다 아이는 바로 잠이 든다. 아이가 쌔근쌔근 잠을 자는 모습을 보면 혹시나 노면이 튀어나온 부분에 유모차가 걸려 갑자기 흔들려서 아이를 깨우지는 않을까 싶어서 나는 더욱 조심스럽게 유모차를 운전하게 된다.

삼거리 입구를 지나갈 때, 나는 반드시 신중하게 모든 차량을 살피고, 길이 빈 것을 확인하고 나서야 유모차를 밀고 천천히 들어간다. 몇 번은 길을 그냥 건너가고 싶은 충동을 느꼈지만 유모차를 밀고 있다는 점을 떠올리면서 냉정을 되찾는다. 그러고는 얌전히 삼거리 입구가 완전히 다 비고 나서야 통과한다. 그래서 같은 거리라도 지금은 전보다 다섯 배는 시간을 들여야 도착할 수 있다.

사람의 일생은 각기 다른 단계에서 각기 다른 속도로 나아간다. 책임이 무거워지고 깊어졌을 때는 반드시 더욱 신중하게 한 걸음을 내디뎌야 한다. 그래야만 사고방식도 더욱 성숙하고 진중해지고, 착실하게 멀리 내다볼 수 있다.

우리의 가정생활은 후뉴뉴의 존재로 수많은 변화가 일어났다……

어느 날, 아이를 씻긴 다음 아이의 알몸을 커다란 목욕 타월로 감싸주고 있는데 갑자기 조그맣게 나를 부르는 소리가 들렸다.

"아빠."

짧은 한마디 말에 나는 얼떨떨해졌다. 울고 싶은 충동과 알 수 없는 감동이 밀려왔다. 나는 '아빠'라는 말 한마디 때문에 흥분해서 밤새 잠을 이루지 못했다.

현재 후뉴뉴는 1살이 조금 넘었다. 매일 아침에 일어나면 애착 이불을 가지고 내 곁으로 뛰어와서 나를 끌어안고 응석을 부린다.

"아빠, 나 우유 먹고 싶어요."

우유를 먹여 주고 나면 항상 만족한 듯한 웃음을 짓고 다시 늦잠을 잔다.

저녁에 집에 돌아가면 문을 열자마자 후뉴뉴가 방에서 뒤뚱거리며 나를 맞으러 나온다. 그러고는 계속 웃으며 소리를 지른다.

"아빠 왔다."

그런 다음 나를 꼭 끌어안고 뽀뽀를 해준다.

딸아이가 내 품에 안겨 잠을 잘 때, 딸아이는 이미 10kg이나 나가지만 나는 거의 무게를 느끼지 못한다. 이는 말로 형용하기 힘든 묘한 느낌이자 따스한 행복이기도 하다……

요즘 후뉴뉴는 갈고 난 기저귀를 쓰레기통에 버리는 법을 배웠다. 후뉴뉴가 작은 일을 해낼 때마다 나는 큰 성취감을 느낀다.

아이가 성장하는 하루하루에는 항상 다른 변화가 있다. 딸아이가 조금씩 성장하는 모습은 요 몇 년 동안 가장 아름다운 추억이 되었다. 이는 재물보다 훨씬 소중하고, 가치를 매길 수 없다.

사람은 아름다운 기억을 위해 인생을 살아가는 게 아닐까?

지금의 나는 일을 할 때 더 이상 예전처럼 물불 가리지 않고 충동적으로 나서지 않는다. 어떤 일을 결정하기 전에 반드시 긴 시간을 들여 생각해 본다. 비록 속도는 예전보다 훨씬 느려졌어도 생각의 범위가 더욱 넓어지고, 깊어지고, 완전해져서 실수가 많이 줄었다. 사람을 대하고 일을 처리할 때 더 인내심을 갖게 되었고, 다른 사람의 결점을 받아들이는 포용력 또한 더욱 강해졌다. 이 모든 것은 우리 후뉴뉴의 '특별 훈련' 덕분이다.

부부 두 사람만의 세계는 당연히 아이가 있는 것보다 훨씬 자유롭다. 그러나 그 세계에 아이가 들어오면 생활 전체가 변화한다. 변화의 과정은 고통스럽고 불편할 수도 있고, 도전이나 스트레스가 있을 수도 있지만 마음가짐을 조정해 적응하고 나면 아이는 하늘이 보내주신 최고의 선물이라는 사실을 깨닫는다. 특히 아이가 진심이 담긴 웃음과 응석을 부릴 때, 큰 감동을 얻는다.

누구나 현재 상황을 변화시키는 것을 좋아하지 않는다. 그러나 이는 현재 상황이 최선이라는 전제 조건이 있어야 하는데 이러한 전제 조건은 가설에 불과하다. 비록 변화하는 과정은 고통스러우나 변화는 더욱 큰 책임, 꿈, 자기실현, 행복한 인생을 위한 것이다. 용감하게 변화를 마주하고, 도전하며 적응하고 나면 당신은 삶의 아름다움을 발견할 수 있을 것이다.

주식의 신 워런 버핏의 인터뷰에서 기자가 물었다.
"평생 이룬 성취를 어떻게 가늠하십니까?"

워런 버핏은 대답했다.

"평생의 성취를 가늠하는 건 재물이 아니라 얼마나 많은 사람이 나를 진심으로 사랑해 주는가, 그리고 나는 진심으로 얼마나 많은 사람을 사랑하는가입니다."

워런 버핏의 말에는 깊은 뜻이 담겼다. 믿기지 않으면 휴대폰 주소록을 열어 모든 이름을 자세히 살펴보면서 가슴에 손을 얹고 자문해 보라. 얼마나 많은 사람이 진심으로 나를 사랑하는가? 그리고 나는 또 얼마나 많은 사람을 진심으로 사랑하고 있는가?

그리고 다시 한번 자신에게 물어보라. 내가 워런 버핏처럼 부자일 때, 정말로 나를 사랑해 주는 사람은 늘어날까 아니면 줄어들까?

그러면 당신은 현명한 어른다운 워런 버핏의 지혜로운 말에 깊이 탄복하게 될 것이다.

'사랑'은 단순히 혈연관계인 아버지, 어머니, 자녀라는 '직함'에서 비롯되는 것이 아니라, 온 마음과 성의를 다하는 관계, 함께 있는 것, 보살핌에서 비롯된다. 영광이나 모욕을 막론하고 고통과 재난이 닥쳐도 서로를 포기하지 않으며 영원히 서로의 등 뒤에서 묵묵히 지지해 주는 것이다.

사랑은 돈이 아무리 많아도 살 수 없다. 그리고 당신이 운 좋게 '사랑'을 소유했을 때, 모든 것을 제쳐 두고라도 그 사랑을 꼭 붙잡고 소중히 여기고 보살펴야 한다는 사실을 기억하자. 사랑을 짓밟지 마라. 사랑은 당신이 생각하는 것처럼 '당연하고', '쉽게 얻을 수 있는 것'이 아니다. 사랑은 우리가 살아가는 고통스러운 세상에서 유일한 청정 지역이다. 우리의 영혼이 안정감을 얻고 평온할 수 있게 지지해 주는 존재다.

'생사의 갈림길에 서 있을 때, 당신은 야근(장기적인 밤샘은 만성 자살이나 다름없다)이나 너무 큰 스트레스, 집이나 자동차를 사는 일이 모두 덧없다는 사실을 발견하게 될 것이다. 만약 시간이 있다면 당신의 아이와 함께 있어 주고, 자동차를 살 돈으로 부모님께 신발을 사드리고, 큰 집을 사려고 버둥거리지 마라. 사랑하는 사람과 함께 있으면 작은 집이라도 행복하다.'

(이는 위지안(于娟) 교수가 한 말이다. 미국에 유학하러 가서 박사 학위를 취득한 위지안 교수는 푸단(復旦)대학의 우수한 청년 교수이자 두 아이의 어머니였다. 2009년 12월에 유방암 판정을 받았고 2011년 4월 19일에 세상을 떠났다. 향년 32세였다.)

좋은 인연은
무한대의 힘을 지니고 있다

후이제(惠潔) 씨는 40대의 마카오 사람으로, 완공된 빌딩의 청소를 하는 환경미화원이다. 말투에는 마카오 사투리가 짙게 뱄고 성격이 아주 급하지만, 선량한 분이다. 7년 전부터 우리 가족에게 집을 임대해 살고 있다. 당시에는 우리 어머니가 살아 계셨는데, 나는 그때 집세가 한 달에 6천 달러였다고 기억하고 있다.

그분은 성격이 급하지만 신용을 잘 지키는 사람이었다. 집세는 항상 제때 우리 어머니에게 건네주었다. 그분은 ATM기를 조작할 줄 몰랐기 때문에 항상 현금을 직접 우리 어머니에게 건넸다.

입주한 지 2년쯤 되던 어느 날, 그분이 우리 어머니에게 말했다.

"전에 막 대만에 왔을 때는 열심히 일하면 한 달에 7~8만 달러는 벌 수 있었는데 요즘은 일이 갈수록 줄어서 4~5만 달러밖에 못 벌어요. 게다가 아이가 고등학교에 들어가서 학원도 다녀야 하는데 마카오에 있는 집 대출금도 아직 납부하고 있고요. 허리띠를 졸라매려 해도 더 이상 졸라맬 수가 없어요."

후이제 씨는 잠시 말을 멈추었다가 힘겹게 입을 뗐다.

"사모님께서 집세를 조금만 낮춰 주시면 감사하겠어요."

어머니는 그 말을 듣고 대략 30초쯤 생각하시다가 대답하셨다.

"그러지요. 후이제 씨가 얼마나 고생하는지 나도 잘 아니까요. 그러면 매달 집세를 5백 달러 깎아서 5천5백 달러만 받을게요. 어때요?"

후이제 씨는 미소를 띠며 연신 어머니에게 고맙다고 말했다.

후이제 씨가 가고 난 후 나는 어머니에게 물었다.

"왜 집세를 깎아 주셨어요?"

어머니는 말씀하셨다.

"저 사람도 보통 사람은 아닌데 남편을 잘못 만났잖니. 남편이 도박에 빠져서 생활비는 다 자기 혼자 벌어야 하니 정말 고생이지. 운명이 참 기구한 사람이야. 우리가 도울 수 있는 형편이 되니까 그저 좀 돕는 거지."

나중에 어머니는 병이 나셨다. 그런데도 후이제 씨의 일거리가 갈수록 줄어들고 경제적인 상황도 더 나빠졌다는 사실을 아시고는 집세를 5백 달러 더 깎아서 한 달에 5천 달러만 받겠다고 하셨다.

나중에 병세가 악화하였을 때, 어머니는 자주 나에게 세입자를 걱정하는 말씀을 하시곤 했다. 나에게 앞으로 만약 할 수만 있으면 많이 도와주라고 하셨다. 당시의 나는 별다른 생각은 못 하고 그저 고생하는 사람에 대한 어머니의 동정과 연민이라고만 여겼다.

어머니가 세상을 떠나신 후, 후이제 씨의 일거리는 더 줄어들었다. 아이가 대학에 진학해 더 많은 생활비가 필요했고, 경제적인 부담도 커졌다. 유일하게 다행인 일은 도박에 빠진 남편과 이혼했다는 것이었다. 새로운 인생을 살아가게 되었으니 적어도 쓸모없는 남편의 도박 빚을 부담할 필요는 없어졌다.

어느 날, 후이제 씨는 직접 우리 집을 찾아와 나와 상의를 했다. 막내가 개학해서 학비를 내야 하니 집세를 다음 달에, 한꺼번에 내면 안 되냐는 것이었다. 비록 이는 계약에 어긋나기는 했지만 나는 어머니의 당부를 떠올리고 그러겠다고 대답했다.

그날부터 후이제 씨는 두 달에 한 번씩 두 달 치 집세를 지급했다. 아이의 학비도 내야 하고 마카오에 돌아갈 비행기표도 사야 하기 때문이라고 했다. 그러나 후이제 씨는 여전히 신용을 잘 지키는 사람이어서 두 달에 한 번씩 내는 집세가 한 번도 늦어진 적이 없었다.

몇 년이 지난 후, 아마 내가 타이난(台南)에 출장을 다녀왔던

날일 것이다. 후이제 씨에게서 급한 전화가 걸려 왔다. 마카오 사투리가 너무 강한 데다 울먹이고 있어서 전화기 너머의 후이제 씨가 무슨 말을 하는지 알아들을 수가 없었다.

그나마 다행히도 후이제 씨 곁에 있던 친구분이 전화를 넘겨받아 말했다.

"후이제가 한동안 생리가 끊이지를 않고 계속 출혈이 있었어요. 방금 병원에 다녀왔는데 11cm쯤 되는 자궁 근종이 있어서 당장 수술로 절제해야 한대요."

"많이 안 좋으세요?"

나도 긴장되어 물었다.

"의사 선생님 말로는 며칠이라도 더 늦어지면 목숨이 위험할 수도 있대요."

후이제 씨의 친구가 초조해하며 말했다.

"제가 뭐 도울 일이 있을까요?"

"조금 전에 입원 수속을 마쳤는데 만약 수술 때문에 입원하면 돈도 많이 들 테고, 그러면 집세를 내지 못한다고 계속 걱정하고 있어요. 집주인한테 뭐라고 말해야 할지 모르겠다면서요."

이때 나는 또 어머니의 당부가 생각났다. 그래서 직접적으로 말했다.

"후이제 씨에게 전해 주세요. 부디 잘 쉬시고 입원 기간이랑 퇴원 후 몸조리 때문에 일을 못 하시는 동안에는 집세를 받지 않겠다고요. 모쪼록 몸조리 잘하시고 괜한 걱정은 마시라고요. 건강이 가장 중요하잖아요."

친구분이 내 뜻을 전하자 후이제 씨는 감격해서 말했다.

"정말정말 감사합니다. 정말 감사드려요."

전화기 너머에서 나는 무거운 짐을 내려놓고 흘리는 감격의 눈물을 절실히 느낄 수 있었다.

나중에 수술은 순조롭게 끝났다. 그렇지만 후이제 씨가 하는 일이 워낙에 거친 일이라 무거운 물건을 옮기는 경우가 많았다. 그래서 자궁 수술을 한 후이제 씨가 일을 다시 나가려면 비교적 긴 회복 기간이 필요했다. 나는 약속을 지키면서 안심하고 몸조리하시게 했다…….

몇 개월 후, 후이제 씨가 내게 전화를 걸어 왔다.

"집주인 선생님, 도와주셔서 정말 고마워요. 몸이 많이 나아졌어요."

"축하드립니다. 건강이 제일 중요하지요. 안심하시고 몸조리 잘하세요."

나는 대답했다.

"원래는 몸이 거의 다 나아서 일을 다시 시작하려고 했는데 우리 큰아들이 일은 그만두고 마카오로 돌아가서 푹 쉬라는 거예요. 큰아이가 벌써 졸업하고 일을 하고 있어서 저를 먹여 살릴 수 있거든요. 저더러 더 이상 돈 때문에 걱정하지 말라고 하네요."

"알겠습니다. 그러니까 더 이상 대만에서 일하시지 않고 마카오로 돌아가실 예정이라 방을 빼고 싶다는 말씀이죠?"

"네, 그래서 일부러 집주인 선생님께 전화를 드렸어요. 그동안 보살펴 주셔서 사모님이랑 집주인 선생님께 너무 감사해요."

후이제 씨 일이 잘 풀려서 다행이다 싶으면서도 나는 속으로 생각했다. 만약 후이제 씨가 방을 빼면 한동안 집이 빌 텐데. 분명 한동안 세입자를 찾지 못할 것이다. 설령 금방 찾는다고 해도 세입자가 좋은 사람이라는 보장도 없고, 만약 '진상 세입자'면 어떡하지. 이런 생각이 들자 마음속에 모순된 감정이 생겼다.

돌연 익숙한 말투가 내 생각을 끊었다. 후이제 씨가 말했다.

"집주인 선생님, 전에 생각해 봤는데 제가 이사를 가버리면 집이 비잖아요, 집세도 못 받고. 그래서 몸조리하는 동안 딱 맞는 세입자를 열심히 찾아다녔어요. 몇 달 동안 찾다가 그중 아주 적합한 사람을 하나 골라 놨어요. 부부에 두 살짜리 아이가 있는 집인데 아주 단출한 가정이에요. 남편은 기계 선반 일을 하는데 사람이 아주 성실하고요."

후이제 씨의 말을 듣고 나는 깜짝 놀랐다. 세입자가 나서서 다음에 들어올 세입자를 찾아 준다는 말은 처음 들어봤다. 더 대단한 건 나를 위해 만남까지 준비해 놓았다는 점이다.

후이제 씨의 주선으로 나는 새로운 세입자를 만났다. 역시나 후이제 씨가 말한 대로 천(陳) 선생은 아주 착실한 사람이었다. 가

정도 단출하면서 화목하고, 집주인이라면 누구나 원하는 세입자였다. 그래서 우리는 얼른 계약했고, 새로운 세입자는 후이제 씨가 이사 가는 당일 입주하기로 했다. 인수인계도 두 사람끼리 마치기로 해서 나는 나설 필요가 없었다. 심지어 후이제 씨가 가구와 가전제품을 남겨두어서 새로운 세입자는 크게 고마워했다.

후이제 씨가 떠나는 그날 밤, 그분은 우리 집으로 찾아와 작별 인사를 건넸다. 후이제 씨는 좀 시끄럽고 말주변이 없는 사람이기는 했지만 연신 나에게 고맙다고 이야기했다. 또 그분은 대만이 정말 좋다고 했다. 대만에 와서 수많은 귀인을 만났다고, 특히 우리 어머니는 정말 선하시고 자비로운 분이셨다고 이야기했다. 다만 더 오래 사시면서 아들의 효도를 받지 못하신 게 너무 안타깝다고 했다.

우리 어머니 이야기를 하는 후이제 씨의 눈가에 눈물이 고였다. 후이제 씨의 말을 듣고 나도 머릿속에 어머니의 모습과 당부가 떠올라 덩달아 눈시울을 붉혔다. 어머니를 안타까워하고 담담하게 그리워하는 분위기 속에서 우리는 서로 작별을 고했다.

'어머니, 제게 하신 당부를 잊지 않고 다 해냈어요.'

지금에서야 나는 어머니의 당부를 조금씩 이해하고 있다. 어머니의 당부에는 '좋은 인연을 널리 맺으라.'는 뜻이 담겨 있었다.

도움이 필요한 사람에게 내 능력의 범위가 닿는 한 인색하지 말고 도움을 주고 단기적인 이익을 도모하지 말라는 것. 그러면 좋은 인연은 한 알의 씨앗과도 같아서 발아하고, 성장하고, 끝없이 널리 퍼져 더 많은 인연을 낳는다.

좋은 인연의 역량은 정말 무한대다.

몸소 행동으로 가르치신 어머니 덕분에 나는 이 말의 더욱 깊은 의미를 인식하게 되었다.

오직 사랑만이
위대함을 이룬다

어느 날 아침, 나는 맥도날드에 가서 소시지 에그 머핀과 뜨거운 커피를 주문한 다음 2층에서 창밖이 보이는 위치에 자리를 잡았다. 얼마 지나지 않아 벌어진 광경이 나의 시선을 끌었다.

몸집이 비대하고 걷는 게 불안정한 반백의 중년 남자가 한 손에 쟁반을 들고 다른 한 손으로는 난간을 잡고 올라왔다. 남자의 곁에는 몸집이 가냘픈 노부인이 두 손으로 조심스럽게 남자를 부축해 주고 있었다. 중년 남자는 대략 마흔다섯쯤 되어 보였는데 지적 장애가 있는 듯했다. 거기다 가벼운 지체 장애가 있어서 안정적으로 걷지 못하는 것처럼 보였다. 내 추측이 틀리지 않다면 노부인은 분명 중년 남자의 어머니일 것이다.

중년 남자는 주위의 시선은 신경 쓰지 않고 큰 소리로 외쳤다.

"엄마, 나 맥도날드 먹을래요."

"이것아, 벌써 주문했잖니? 네 손에 있잖아. 얼른 자리에 가서 앉아. 우리는 네가 제일 좋아하는 맥도날드를 먹으러 온 거야."

노부인이 약간 퉁명스럽게 대답했다.

두 사람은 마침, 내 옆자리에 앉았다.

"엄마, 나 너무 신나요. 맥도날드는 정말 맛있어요."

남자가 신나서 크게 소리 질렀다.

"아밍(阿明), 좀 조용히 해. 다른 사람들한테 방해되잖아."

노부인은 민남어로 아밍에게 이야기하면서 그를 가볍게 잡아당겨 자리에 앉혔다.

그러나 효과는 거의 없는 듯했다. 아밍은 점점 더 흥분해서 큰 소리로 동요를 부르기 시작했다.

"생쥐가 등잔불에 올라가 기름을 훔쳐 먹었어요. 내려갈 수가 없어서 엄마를 불렀는데 엄마가 안 와요. 생쥐는 데굴데굴 굴러떨어졌어요."

노부인은 어쩌지도 못하고 다른 사람들이 보내는 기이한 눈빛을 보면서 연신 모두에게 미안하다고 사과했다. 몇 번이나 화가 불끈 오르는 것 같았지만 계속 참았다. 자기감정을 억누르면서 끊임없이 아밍을 달래 주며 흥분하지 못하게 했다.

아밍은 서서히 안정되기 시작했고, 음식을 먹는 데 집중했다.

두 사람이 보여 준 장면은 나를 깊이 끌어당겼다. 나는 아밍의 상황으로 미루어 볼 때 어머니가 분명 자기 인생을 포기하고 전심전력으로 아들을 보살피고 있다는 생각이 들었다. 분명 당신의 목숨이 끝나는 날까지 그러하리라. 나는 아밍이 노부인에게 평생의 걱정거리라고 생각했다.

한 사람이 자신이 원하는 인생까지 기꺼이 포기해 가며 또 다른 사람을 위해서만 살아갈 수 있게 만드는 힘은 도대체 어떤 것일까?

나는 내 눈앞에서 노부인이 자신의 생명을 다해 아들에게 헌신하는 모습을 보았다.

그렇다. 그것이 바로 답이었다. 아밍은 노부인의 자식이기 때문이다. 이렇게 단순했다. 다른 이유는 없었다. 이것이 바로 위대한 모성애다.

신은 너무 바빠서 어머니라는 역할을 창조해 냈다.

우리는 항상 성공하고 유명해져서 인생의 위대한 성취를 이루기를 바란다. 그래서 끊임없이 공부하고, 노력하고, 분투하면서 어떠한 이유 혹은 어떠한 사람 때문에 자신의 발걸음을 멈추지는 않는다.

그렇지만 생각해 본 적이 있는가? 어떤 상황에서 당신은 자기 자신을 희생하고, 자신의 인생을 멈추고 다른 사람을 보살피며 살아갈 수 있을까?

**우리를 희롱하는 운명의 신은 인생에 수많은 '근심'을 안겨
주어 우리의 발걸음을 멈추게 만든다. 우리는 마주하거나 도피할
수 있다. 어쨌든 우리는 반드시 '선택'해야 한다.**

아밍과 그의 어머니를 보고 나는 양밍(陽明)교통대학 연구소
4년 차의 마지막 학기, 어머니의 병세가 심각해졌던 때를 떠올렸
다. 나는 박사 과정에 등록할 계획을 하고 있었다. 그렇게 되면 병
역을 계속 연기해 집에서 어머니를 보살필 수 있었기 때문이다.

그러나 불행히도 나는 박사 과정에 떨어졌고, 딜레마에 빠졌다.

당시는 4월이었는데 만약 내가 석사 과정을 졸업하기로 결심
하면 반드시 7월쯤에 군대에 가야 했다. 그러나 군대에 가면 어머
니를 돌봐드릴 수가 없었다. 어머니의 병세가 결코 낙관적이지 않
은 상황에서 군대에 가면 나는 어머니를 보지 못하고 군대에서 분
상(奔喪, 외지에 나가 있는 자식이 부모의 상(喪)을 당해 부음(訃音)을
전해 듣고 집으로 돌아가기까지 행하는 상례의식 -역주)당할 수밖
에 없었다.

만약 어머니를 돌봐드리려면 법에 따라 석사 학위를 포기하
고 퇴학 처리를 받아 다른 대학원에 지원할 수밖에 없었다. 그래
야만 계속해서 병역을 연기할 수 있었다. 그러나 나는 이미 연구소

발표 주제도 통과했고, 석사 논문까지 다 써가는 상황이었다. 4년 동안 심혈을 기울인 결과를 정말 이렇게 포기해야만 하는 걸까?

하룻밤 동안 고민한 끝에 나는 인생의 중대한 결정을 내렸다. 나는 양밍교통대학의 석사 학위를 포기하기로 했다.

나에게 어머니는 단 한 분뿐이다. 평생 나를 보살피고 길러 주신 우리 어머니. 어머니가 안 계셨더라면 나는 아무것도 아니었을 것이다. 나 쉬펑위안은 석사 학위 하나로 성공을 증명할 필요가 없는 사람이라는 사실을 스스로 되뇌었다. 나는 사회에서 분투하고 생존하기 위해 석사 학위에 의지하지 않을 것이었다. 그러나 내가 석사 학위를 포기하는 결정을 내리지 않으면 어머니를 보살펴 드리지 못한다. 어머니 인생의 최후를 함께 하지 못하면, 어머니가 쓸쓸하게 세상을 떠나시게 만들면 나는 평생을 후회하고 자책할 게 분명했다.

인제 와서 돌이켜 보면 나는 당시의 결정이 정말 자랑스럽다. 나는 어머니가 평온하게 세상을 떠나시는 순간까지 보살펴 드리고 함께 했다. 어머니는 외롭거나 무섭지 않으셨을 것이다. 어머니를 진심으로 사랑하는 자식들이 곁에 있었으니까.

어쩌면 나의 결정은 세간의 눈으로 보면 올바른 결정이 아닐 수도 있다. 그러나 나는 나 자신에게 떳떳하고, 자식으로서의 본분을 지켜 떳떳했다. 이것이 바로 진정한 나이고, 양심에 부끄럽지 않은 나 자신이다.

성숙한 인격은 얼마나 많은 돈을 버느냐, 얼마나 큰 사업을 하고 있느냐로 드러나지 않는다. 사랑을 이해하고 다른 사람을 위해 희생할 줄 아는 것이 바로 성숙한 인격이다.

명랑한 웃음소리에 나는 다시 현실로 돌아왔다…….

"엄마, 나 배불러요."

아밍이 큰 소리로 이야기하며 만족스럽게 웃었다.

아밍의 어머니는 물티슈로 아밍의 입가를 세심하고 깨끗하게 닦아주었다.

"엄마, 정말 사랑해요."

아밍이 갑자기 자기 어머니를 꼭 안아 주었다. 어머니가 그의 품에 파묻힐 정도로 꼭 안았다. 이때, 노부인은 드디어 따스한 미소를 보였다.

이 아이는 바보가 아니다. 이 아이는 나의 아들이다. 설령 내일은 이 아이가 나를 잊어버려도 나는 아이의 손을 잡고 계속 걸어 나갈 것이다…….

노부인은 아밍의 손을 잡고 천천히 1층으로 내려가며 나의 시야에서 사라졌다…….

사람들은 저마다 인생의 꿈이 있고, 행복한 나날을 보내기를 바란다. 인생을 속박하거나 방해하는 것은 원치 않는다. 그러나 운명의 안배는 종종 우리의 생각과 달라서 때로는 도망칠 수 없는 일이 발생하기도 한다. 자기 자신을 속여서 도망친다 해도 이는 한순간뿐이다. 결국에는 한밤중에 나 자신을 오롯이 홀로 마주하는 순간에서 벗어나지 못한다.

아밍의 어머니는 대단한 인물도 아니고, 돈 많은 부자도 아니며 사회적으로 큰 성취를 이룬 사람도 아니다. 세속적으로 정의하는 '성공'과는 거리가 먼 인물이다. 그러나 그분은 평생을 희생하며 자신에게 효도할 수 없는 아들을 키워냈다. 아밍의 어머니는 자신의 인생으로 성공보다 더욱 '위대한' 것을 증명했다. 그것은 바로 '사랑'이다.

노력하면 성공할 수 있다. 그러나 오직 사랑만이 위대함을 이룬다.

돈에 사랑을
빼앗기지 마라

예전에 막 학생들을 가르치는 일을 시작했을 때, 쥔팅(俊廷)이라는 학생과 알게 되었다. 쥔팅의 집안은 매우 유명한 의류 브랜드 대리업을 하고 있었기 때문에 가정환경이 아주 유복했다. 평소에 우리는 친형제처럼 사이가 좋았다. 당시에는 나도 열아홉 살이었고 쥔팅보다 고작 두 살 많을 뿐이었기 때문에 세대 차이도 나지 않고 무슨 일이든지 다 이야기할 수 있었다.

그날은 오전에 대학 입학시험 성적이 발표되는 날이었다. 교실에 들어선 나는 쥔팅의 안색이 별로 안 좋고 기분도 영 아닌 것 같은 느낌을 받았다. 성적이 예상보다 안 좋은가보다 생각한 나는 점심시간에 함께 난양제(南陽街)에 있는 노점 국숫집에서 국수를 먹기로 약속했다. 같이 음식을 먹으면서 기분도 풀어 주고, 대학 지원 문제도 이야기할 생각이었다.

국숫집에 도착해서 나는 쿤팅에게 물었다.

"몇 점 나왔어?"

쿤팅이 대답했다.

"43점이오."

쿤팅의 점수는 대학 입학시험에서 결코 이상적인 점수는 아니었다. 중하위권 사립대학에 입학할 수 있는 정도였다.

내가 이어서 물었다.

"그래서 안색이 안 좋았구나. 좋은 대학에 지원하지 못할 것 같아서 그러지?"

쿤팅이 대답했다.

"아니에요. 엄마 아빠가 이혼한대요."

"이혼하신다고. 두 분 사이가 안 좋다는 말은 처음 듣는데? 그렇지만 이미 발생한 일이니 너도 받아들여야지. 부모님이 이혼하시는 데는 두 분만의 어쩔 수 없는 고충이 있을 거야. 어른의 사정은 우리 같은 애들이 어찌할 수 있는 게 아니거든. 우리는 그저 존중할 수밖에. 대신 무슨 일이 있어도 두 분은 너를 제일 사랑하는 엄마 아빠라는 사실을 잊으면 안 돼."

"우리 엄마 아빠는 나를 아껴 주셨고 두 분에게 사실 큰 문제는 없었어요. 그래서 평소에 저도 엄마 아빠 문제를 이야기한 적이 없는 거고요."

"아무 문제가 없는데 왜 이혼하신대?"

"아빠가 첩을 들이겠다고 했어요. 엄마는 절대 허락할 수 없다고 계속 울었고요, 심지어 아빠 앞에 무릎을 꿇고 애원하기도 했어요. 그런데 아빠는 결연했고, 엄마는 더 이상 견딜 수가 없어서 이혼하기로 정한 거예요. 이혼 협의 중에 아빠가 엄마에게 제 양육권을 포기하라고 했어요. 게다가 저랑 만나면 안 되고, 심지어는 공개적인 장소에서 다른 사람에게 내가 엄마 아들이라는 사실을 밝히면 안 된다고 했대요."

쿼팅이 눈시울을 붉히고 울먹이기 시작했다.

"저는 아빠를 정말 이해할 수가 없었는데, 아빠가 나중에 엄마가 사인한 서약서를 보여 주었어요. 엄마가 아빠의 요구에 응한 이유는 아빠가 1,500만 달러 수표를 건네주었기 때문이에요. 아빠는 저한테, 엄마는 1,500만 달러 때문에 양육권까지 넘긴 걸 보면 저에 대한 엄마의 사랑은 1,500만 달러밖에 안 되는 것 같다고 했어요. 이 세상에 돈을 사랑하지 않는 여자는 없다면서, 돈만 있으면 사람들이 내가 시키는 일은 뭐든지 다 할 거라면서요."

당시에 나는 경악했다. 그런 식으로 아이를 교육하는 아버지가 있다니.

"네 아버지가 하신 방식은 옳지 않지만 어머니는 그래도 너를 사랑하실 거야. 분명 어쩔 수 없는 고충이 있어서 그런 조건을 받아들이신 거겠지."

나는 계속해서 쥔팅에게 설명했다.

"아니에요. 엄마는 돈 때문에 나를 배신하고 버렸어요. 저에 대한 엄마의 사랑은 그저 1,500만 달러밖에 되지 않는 거겠죠. 전 엄마가 미워요."

말을 마친 쥔팅은 국숫집을 뛰쳐나갔다. 나는 멀어지는 쥔팅의 뒷모습을 보면서 걱정이 되었다. 그리고 불길한 예감이 들었다.

대학 입학시험 성적이 좋지 않았던 데다 심리적으로 큰 충격을 받았기 때문인지 쥔팅의 아버지가 쥔팅을 외국으로 유학을 보냈다는 이야기를 나는 나중에 들었다. 그렇게 우리는 연락이 끊겼다.

거의 10년이 지난 어느 날, 나는 우연한 기회에 당시 쥔팅과 친한 친구였던 즈룽(志龍)을 만났다. 나는 기회를 빌려 쥔팅의 근황을 물었다.

"쥔팅은 귀국했어요. 미국에서 석사 학위를 받고 지금은 친구와 바이오테크놀로지 사업을 한다는 것 같아요."

즈룽이 말했다.

"잘됐네. 바이오테크놀로지 사업은 요즘 인기 있잖아."

내가 대답했다.

"잘되기는요. 바이오테크놀로지 사업이 인기가 많기는 해도 쥔팅은 제 주제도 모르고 목표를 너무 높게 잡은 거예요. 걔네 아빠가 돈이 있어서 제멋대로 살 수 있으니까요. 이번 창업이 몇십 번째인지 몰라요. 저는 쿼팅이 전혀 좋게 보이지 않는걸요."

즈룽이 무시하는 듯한 말투로 말했다.

"창업이 잘 안 풀리면 일반 회사에 취직하면 되잖아? 미국에서 석사 학위까지 받았으니 분명 쉽게 일자리를 찾겠지."

"선생님, 너무 좋은 쪽으로만 생각하시네요. 걔가 허세가 얼마나 심한데요. 회사에 취직할 때마다 며칠 안 가서 적응이 안 된다는 이유로 퇴사해요. 그래서 걔네 아버지가 아예 창업할 돈을 대주는 거고요."

즈룽이 갑자기 장난스러운 말투로 말했다.

"히히. 쿼팅이 사업에는 소질이 없어도 여자 꼬드기는 능력은 신의 경지에 올랐어요. 여자 친구도 계속 바뀌고, 바뀔 때마다 점점 더 예뻐져요. 나도 포르쉐를 몰고 다니면 그럴 수 있을 텐데."

"대단한데."

"그렇지만 저는 여자들을 대하는 쿼팅의 태도가 마음에 안 들어요."

"무슨 뜻이야?"

"쿼팅은 돈만 있으면 여자가 생긴다고 생각하고 있어요. 돈만 내면 어떤 여자든 다 잠자리로 끌어들일 수 있고, 무슨 일이든지 해준다고요. 말도 안 되는 이야기 같죠? 더 말도 안 되는 건 쿼팅이 한번은 조금 유명한 여자 연예인을 사귀었는데, 몇 달 되지 않아서 그 여자가 임신한 거예요. 그러자 쿼팅은 여자에게 낙태하라고 종용

했는데 여자가 원하지 않았어요. 그렇게 6개월 넘게 미루다가 그제 야 쿤팅네 아버지가 나섰죠. 그 여자가 자기네 집안과 맞지 않는다 고 생각한 쿤팅 아버지는 거액을 주면서 쿤팅과 헤어지라고 했대 요. 게다가 알려져서는 안 될 수단으로 6개월이 넘은 상태에서 낙 태 수술을 시켰대요. 나중에 쿤팅은 득의양양하게 우리한테 그 일 을 수습한 걸 자랑하면서 돈만 있으면 못 할 일이 없다고 했어요. 그때부터 저는 쿤팅이 같잖게 보여서 점점 멀어지게 되었고요."

돈은 한 아이에게서 모성애를 빼앗아 갈 수 없다. 돈으로 아이 에게 어머니를 미워하라고 교육할 수도 없다. 더욱이 돈은 한 사람 이 상대와 어울리는지 아닌지 판단하는 수단이 아니다. 돈으로 절대 해서는 안 되는 일 중 하나는 무고한 아이의 생명을 빼앗는 일이다.

쿤팅의 이야기를 듣고 나는 괴로웠다. 과거 쿤팅은 반짝반짝 빛나는 아이였고, 마음도 선량했는데 어떻게 그렇게 자랐을까? 쿤 팅의 성격이 변화한 원인을 자세히 살펴보면 가정 교육과 깊은 관 계가 있음을 알 수 있다. 풍족한 가정환경이 쿤팅을 불만 있는 환 경에서는 일하지 못하게 만들고, 금전과 여자에 대한 아버지의 그 릇된 가치관이 쿤팅의 행동에 깊은 영향력을 끼친 것이다.

나는 돈의 중요성은 부정할 수 없다고 생각해 왔다. 그러나 잘못된 가치관은 종종 한 사람의 생각을 비뚤어지게 하고, 심지어

돌이킬 수 없는 후회를 저지르게 만든다.

친구가 친구에게 해줄 수 있는 가장 큰 선물은 바로 기회다. 아이가 부모에게 줄 수 있는 가장 큰 선물은 바로 영광이다. 부모가 아이에게 줄 수 있는 최고의 선물은 바로 본보기가 되어 주는 것이다.

많은 부모가 아이를 가장 좋은 학교에 보내 주고, 최고의 스킬을 배우게 하다가 다 크고 나서는 외국에 유학을 보내 좋은 간판을 따게 해준다. 멋들어진 외국 학력을 가지고 귀국하면 좋은 직업을 안배해 주거나 아예 직접 창업의 꿈을 이루어 준다. 그러고는 이것이 최고의 교육 방법이라 생각한다.

그러나 사실은 그렇지 않다. 진정한 교육에는 그토록 값비싸고 천박한 수단이 필요하지 않다. 아이에게 최고의 본보기가 되어 주고 아이가 배울만한 언행을 하는 것, 이렇게 모범적인 부모의 이미지는 아이의 가슴 깊은 곳에 새겨지고 아이는 자기도 모르는 사이에 부모의 태도를 배워 나간다. 이는 평생에 걸친 아이의 가치관, 사고방식, 행동에 긍정적인 영향을 준다.

한 아이의 부모로서 반드시 기억해야 할 사실은 당신의 말과 행동을 모두 아이가 보고 배운다는 점이다…….

운명을 바꾸는
부자의 사고방식

초판 1쇄 인쇄 2024년 08월 27일
초판 1쇄 발행 2024년 09월 02일

지은이   쉬펑위안(許峰源)
옮긴이   김경숙

발행인   최근봉
발행처   도서출판 넥스웍
등록번호   제2014-000069호
주소   경기도 고양시 일산동구 장백로 20, 102동 905호
전화   (031) 972-9207
팩스   (031) 972-9808
이메일   cntpchoi@naver.com

ISBN 979-11-88389-54-4 13190